小学语文名师成长录

且行且思教语文

张学伟 / 著

長春出版社
全国百佳图书出版单位

图书在版编目(CIP)数据

且行且思教语文/张学伟著. —长春:长春出版社,2013.1
(小学语文名师成长录)
ISBN 978-7-5445-2477-3

Ⅰ.①且… Ⅱ.①张… Ⅲ.①小学语文课-教学研究 Ⅳ.①G623.202

中国版本图书馆 CIP 数据核字(2012)第 225132 号

且行且思教语文

著　　者:张学伟
责任编辑:黄立芹
装帧设计:庄宝仁

出版发行:長春出版社　　总 编 室 电 话:0431-88563443
发行部电话:0431-88561180　　邮购零售电话:0431-88561177
地　　址:吉林省长春市建设街 1377 号
邮　　编:130061
网　　址:www.cccbs.net
制　　版:渲彩工作室
印　　刷:长春第二新华印刷有限责任公司
经　　销:新华书店

开　　本:787 毫米×1092 毫米　1/16
字　　数:249 千
印　　张:14
版　　次:2013 年 1 月第 1 版
印　　次:2013 年 1 月第 1 次印刷
定　　价:25.00 元

总序

在教师的“志业”中享受成就感

温儒敏

长春出版社推出《语文名师成长录》丛书，是很有意义的。这些语文名师大都出于基层，在教学一线摸爬滚打一路走过来，很不容易。他们成长的十多年，正是课程改革启动与深化的时期，其经验得失，和课改的命运息息相关，是课改的宝贵资源，值得认真总结推广。我看了这几位语文老师的文稿，深感语文课改的艰难。但无论如何，课改取得了显著的实绩。特别是一些新的教学理念，包括以人为本，尊重天性，以学生为主体，重视情感、态度、价值观的养成，学会学习，工具性与人文性统一，以及强调多读书、读好书，打好终身发展的底子，等等，这些理念也许有的一时难于落实，但正逐步沉淀下来，成为大家认可的方向。从这些语文名师成长中是可以看到这种巨大的变化的，许多新的教学理念已经转化为新生代优秀教师的教学行为，而他们又在影响和导引着更多的老师前行。

这套丛书的定位在展现“成长”。书中最感人的也是这些新生代优秀教师回忆各自成长过程的部分。每个人的经历不同，却又有共通之处，我看主要是这么几点。是都很有朝气，有理想，以教师为“志业”。在当今比较浮躁和势利的时代，年轻人好像都不怎么喜欢谈理想，愿意把当中小学老师作为毕生追求的人也少了。而这批优秀教师几乎全都觉得当老师是值得骄傲的事，这不只是“稻粱谋”的职业，更是一种可以充分张扬自己生命意义的“志业”。尽管在一线当老师比较艰苦，很多人陷于职业性疲倦，但这些优秀者有理想的导引，又能在“志业”中享受成就感，不管多难都始终保持高扬的精神。

二是在实践中大胆摸索，不断进取。俗话说教无定法，特别是语文教学，实践性很强，没有放之四海而皆准的捷径。成功的教学都总是因地制宜，切合实际的。从书中看到这些优秀教师的很多教学经验，都是来自实践，具有很强的可操作性，又有一定的理论观照,不是那种纯粹为博取喝彩的花架子。

三是有明确的专业发展方向,善于学习,不断“充电”提高。

我觉得这几点对于大多数中小学老师,特别是青年教师都会有启发。这里不妨稍微展开一点,说说语文教师的素养问题。

当老师最重要的是课要讲得好,怎样才能做到?大家都很重视收集模仿优秀的课例,注重教学技巧。这当然有必要,可以参考,但光是下这些功夫恐怕不够。课要讲得好,得靠学养。所谓厚积薄发,有足够的学养根基,才能持续提升教学水准。

现在社会心态浮躁,拜金主义流行,大家都没完没了地忙,难于沉下心来读书做事。但教语文是要有心境的,语文课人文性很强,教师的学养以及人格素养就格外重要。讲学养,既是教书的需要,也是教师自身精神成长的需要。因此,无论多么忙,最好有自己的精神家园,哪怕是一块不大的“自留地”。不要一窝蜂都在应对现实需求,评级呀,教学检查呀,还有没完没了的各种事情。当然这些都要应对,谁也不可能完全超越,但要保留一份清醒,一点距离,免得被动地全部卷进去。从这套丛书中我们也已经感受到学养的重要,学术“自留地”的重要。有自己某一方面的专业爱好,能多少进入相关领域,有一定的研究,有些发言权,这太重要了。你在这状态中,会有成就感,同时也让自己保持思想活力。“在状态中”,还能帮助抵制职业性疲倦。最好的老师都不会满足于当一个“教书匠”。

时间与精力有限,大家都忙,但只要有心,总能挤出时间给自己充电加油。这比短期进修培训更重要。特别是青年教师,要有读书充电的三年、五年或者十年计划,有大致方向,持之有恒,可能就“终成正果”,就像这套丛书的作者那样,当个研究型的中小学老师,学者型的语文老师。这是值得追求的目标。有一句话“取法乎上”,给自己定位高一点,保留一点理想主义,那么学习、教学、生活就有目标感,就更有意思。

这套丛书的作者都把教师作为理想的“志业”,这很值得尊崇。现在教师的社会地位没有过去那样高,但有理由相信会逐步提高,物质上也会得到较高的回报。再说教师是稳定的职业,是创造性的职业,一定会重新成为令人羡慕的职业。要鼓励青年教师树立长远的目光。

这套丛书描述的是“成长”,涉及教师专业发展问题。所谓专业发展,不要理解为就是职业培训,应当有更高远的目标。培训进修当然必要,而且这也牵涉到一些实际问题,比如考级、职称晋升等等,但培训进修不要全都“直奔主题”,免得老师自己也卷入“应试教育”。重要的是在整体素质提升方面下功夫,在志向和事业心方面下功夫,要培养专业兴趣与专业敏感,拓宽视野,不断更新知识。现炒现卖,只关注与教学直接挂钩的东西,甚至只关注考试的效果,并不利于教师长远的发展。专业发展是人生事业发展的一部分,要有一点理想主义。

记得上世纪五六十年代看过苏联电影《乡村女教师》,女主人公瓦西里耶夫娜是个年轻的老师,在艰苦的环境中教学,带领孩子们快乐成长,她自己也获得非常幸福的成就感。这位女教师教孩子们读诗,有这样几句,我至今还记得:

挺起了胸膛向前走,
天空、树木和沙洲,
崎岖的道路。
嘿,让我们紧拉着手,
露着胸膛,
光着两只脚,
身上披着破棉袄。
向前看,别害臊,
前面是——光明大道!

当年我们上学也是那样艰苦,却又是那样充实,因为总有一些像瓦西里耶夫娜那样富于朝气的老师引领着我们。可喜的是,在这套丛书的作者身上,也能看到“乡村女教师”那样孜孜不倦“向前看”的精神。我们的时代、我们的教育事业太需要这种“向前看”的精神了。

2011年4月7日于京西褐石园

(总序作者现任山东大学一级教授、中国现代文学研究会会长、国务院学位委员会学科评议组成员、国家哲学社会科学规划评审委员、《中国现代文学研究丛刊》主编、教育部义务教育语文课程标准修订专家组召集人。)

走在路上(代自序)

教语文教了二十三年了,一直想弄清楚语文是什么,我们到底需要怎样的语文教育?却一直不可得。

近年来,语文教学在纠结中前行。人文性和工具性的权重,阅读本位和写作本位的争鸣,各种语文流派的出现,一时间令人难以招架。孰是孰非,难有定论。

因此,我们有时候很矛盾——朝着一个方向走了一段路,仿佛错了,就回过头来走;再过一段,仿佛以前的又有些对了,再重新拾起来。这或许就是我们普通语文教师正在走的道路,也是我们最大的困惑。我们成了墙头的草,而课标的某一句表述,或者某专家的某一种观点,就是我们的风向标。

那么,我们没有想过的是——在左右摇摆的季风时代,我们要坚持的是什么?哪些是始终都没有变化的?

其实说穿了,很简单。学生学习语文有兴趣了,喜欢阅读会阅读了,敢大胆说话了,字写得还不错,作文也像模像样了。这就够了。课标和专家们所说的一切也都在其中了。

所以我们更关注的是,今天的语文课该怎么上?

现在是一个最好的时代,因为各种观点可以自由争鸣。所以,我也斗胆来说几句。

我此时的观点,也就是我今日今时的认识,我觉得语文课应该做到两点:

一课一得——不求全,集中力量打歼灭战;

语言实践——不但让学生懂得悟到,还要练到,才能够得到。

新疆的老师来学校考察,上了一节交流课《月球之谜》,引起了大家的热烈讨论。新疆老师的切入点是"趣"。整堂课围绕着这个科学小品带给大家的谜,以及还有哪些谜展开的。气氛空前热烈,孩子们兴趣盎然。教师引导学生朗读课文,很投入,也很有色彩。整节课现场效果很好。

课后的辩课焦点聚焦在两点：

1. 这样的课文是不是适合有感情地朗读？

一部分老师认为，任何文章都是可以有感情朗读的。因为赵忠祥可以把《动物世界》读得活灵活现，任志宏可以把《探索·发现》解说得韵味悠长。另一些老师认为，这大可不必。争持不下。

我也说了自己的观点，是否进行朗读训练，既取决于教师，也取决于教材本身。这是由两方面决定的。朗读训练，既是理解感悟，也是表达。它是我们进行语文教学的一个最重要最常规的手段，人人必须掌握。可以进行朗读训练的文章有的是，但是，这篇科学小品文，它的文风似乎不太适合朗读训练。它被选入教材的目的仿佛也不在于此，因此，这类课文我们似乎应该寻找更合适的切入口。

这只是我的个人观点。

2. 这样的课还有没有更好的抓手？或者说，找到一个更语文的切入点？

我为这篇课文又重新做了设计。

先请看课文这几段描述：

把宇航员从月球上带回来的四种尘土化验一下，结果更使人感到月球还有许多的谜。把月球尘土撒在细菌上做试验：第一种、第二种、第三种尘土撒到细菌上，细菌一点变化也没有；第四种尘土撒到细菌上，细菌一下子都死了。第四种尘土是美国阿波罗飞船12号从月球表土的下层取回来的。它怎么会有特殊的杀菌力呢？

再瞧用植物做试验的结果。把玉米种在月球的尘土里，它的生长与在地球土壤里没有明显不同。可是，水藻一碰到月球尘土，就长得特别鲜嫩青绿。

这一连串试验结果是多么令人费解啊！

这是文中关于月球“尘土之谜”的几段描述。那么，这些描述的“秘妙”在哪里呢？

其实，就是看作者是怎样把“尘土的试验”说清楚的。

这四段话的首尾两段不用说了。它们是照应的，一起一结。唯一的区别在于，首段是叙述的语气，末段是感叹。因为有关于“谜”的神奇。

仔细来研究中间两段的描述，逐句逐句读。第一句都是交代做什么试验的。一个是“细菌试验”，一个是“植物试验”；第二句写试验的开始，但都没有什么异样，一个是“细菌一点变化也没有”，一个是玉米的“生长与在地球土壤里没有明显不同”；第三句写什么呢？写变化。一个是“细菌一下子都死了”，一个是水藻“长得特别鲜嫩青绿”。最后一句扣住“谜”字——“它怎么会有特殊的杀菌力呢？”“植物试验”的没直接说，如果添上，应该是“水藻为什么会长得特别鲜绿呢?”

好了,这就是作者叙述的顺序,也就是文章的表达“秘妙”。三年级的孩子,正需要了解怎样连句成段,这不是很好的例子吗?

但仅仅让学生读懂“秘妙”,还远远不够,因为这只是懂得,只是悟到。下面还要趁热打铁,让他们练到。

课后正好有一段关于月球的其他谜的介绍。好了,就现成拿来用吧,让学生读,认真读,然后仿照上面的段落写一段话。语言可以变化,构段基本相同。这样,悟到——练到——得到,水到渠成。

就这样,舍弃了其他的内容(因为课文学生一读就懂的),集中力量学习这一部分,或许学生的所得会更实在。用句时髦的话说,这样的课也许更语文。

我曾经以为,学习语文理解内容和内涵就可以了,后来我发现,表达的形式非常重要;我曾经以为,文章的表达学生悟到就可以了,后来我发现,及时的语言实践才最重要。不然,一切都是空的。

把语文教到学生心里,更要教到学生手上。

近一年来,我以及我的团队一直在做一件事。我们开始进行课外阅读、作文教学、口语交际以及语文综合实践活动课的研究。很惭愧,以前我们的眼光盯在阅读课的时候最多,这些都无暇顾及。结果我们却发现,事倍功半。

于是,我们开始着手改变这一切。仅仅只是一年,时间很短,水平有限,况且我们还只是进行一些点上的突破,远远没有达到我们理想中的语文教学整体学习框架的建构。我们还只是刚刚起步。

这本书里,收入了我们的一些案例。限于篇幅,删掉了我们团队中史仁忠、吴建芳、李海燕等老师精彩的作文教学案例,颇以为憾。在此致歉。

期待着,我们能完成整体架构的日子早日来临。

走在路上,一路风景,相伴前行。

以此为序。

张学伟

2012年5月1日

目 录

目　录

且行且思教语文

——我的语文教学历程

一、痴书——童年记忆的亮色

1972年末，我出生在中原大地一个普通的小村子里。

和很多同时代的人一样，父母给我取了一个颇有时代特色的名字——学伟。

童年的生活也是有鲜明时代特色的。大人们上工劳动的钟声，斤斤计较的工分；每天吃的蔬菜是生产队里分的，粮食也是按人头分下来的。记得那时，我们小孩子也要参与到生产当中去，做些看油菜之类的事情。

说到我，稍微了解我的人都知道，是个动手能力比较差的人，从小就是这样。地里的农活人家一看就会，一干就像模像样，而我却是什么洋相都能出，就是不会干。妈妈常说："像你这样的，将来可怎么办啊？"替我发愁呢。

我唯一的爱好是看书。

那时候，哪有什么书看啊。于是我就到处借。很多同学都有小人书，我就拼命地讨好他们，甚至替他们做这做那，来换取借看一次的机会。最让我痴迷的是有一位同学家里有好多本《三国演义》连环画，他简直就是同学们中间的大富翁啊。在他那里，我了解了三国的故事，还经常把薄纸蒙在连环画上，描关羽、张飞的画像。那时，什么书都看。谁家里有大人看的书，半懂不懂的，我也拿来看，真的有时候连吃饭都顾不上呢。我的启蒙老师姓胡，她是我很尊敬的一位语文老师，做民办教师多年，后来转公办了，现在过着幸福的晚年。那时她还年轻，印象最深的是她上课的口音与别人不同，撇洋腔，其实就是讲普通话。鼓励我们朗读，鼓励我们看书。在我的记忆里始终有这样一幅图画：夕阳下，破旧的校舍，低矮的教师办公室前，长条石凳上，几个孩子专心地读着书报杂志——《儿童时代》《向阳花》，还有《儿童文学》。那几个孩子中，就有我。不知道为什么，这么多年了，这幅图画执拗地留在我记忆深处，挥之不去。每次想起，我的心里都泛起一种温馨，还有对胡老师深深的感激。今天做了教师的我，更能体会到当时贫瘠的农村一位民办教师的坚守。

听评书的经历相信很多同龄人都有过。一到中午，我们姐弟三个就端着饭碗，坐在窗台前听半导体收音机里的评书联播。那是我们一天中最大的期盼。刘兰芳的《岳飞传》《杨家将》，单田芳的《隋唐演义》，袁阔成的《三国演义》……我都听得如醉如痴。我喜欢模仿，每次听完就到学校里学着给同学讲，边讲边演；我喜欢瞎编，就和同学们一起讨论下面可能发生的剧情。我一直觉得，听评书的经历对我的影响是巨大的：它锻炼了我这个农村孩子的语言表达能力和胆量，丰富了我的历史知识。而且，听着那铿锵有力、绘声绘色的讲述，我们的思绪会飞扬，心情会激荡。我们在聆听，在感受，在体验，在成长。所以，至今，我仍然对评书情有独钟。喜欢听，也喜欢讲给我的学生们听。

大概是四五年级的时候吧，我的黄金期到来了。我忽然发现，在我的周围，有一位大人物。我的一个发小的爸爸，按街坊的称呼，我应该叫他哥哥。其实，他比我爸爸还要大几岁的。他在城里上班，但却是我们这里尽人皆知的书法家呢。他的字画真的很好，后来经常送给来洛阳参观的友人呢！记得那是一个午后吧，我的发小突然惊喜地跑来告诉我，他发现了一个秘密：原来他爸爸藏了满满两箱子的书啊，很多都是新的！但爸爸不允许他看，当然也更不会借给别人看了。我心痒难耐，就怂恿他带我去看看。永远都难忘那种偷书的感觉——我们俩偷偷地溜进他父亲的房间，拉上窗帘，抬下箱子，找到钥匙小心地打开。外面的任何一点声响都让我们胆战心惊。啊，真的是满箱子的书啊，全都细心地包了书皮，还有他父亲苍劲有力的笔迹题写的书名。都是些什么书呢？《三国演义》《水浒传》……古典名著应有尽有啊。打开书页，还看到字里行间是他父亲密密麻麻写满的字——现在我知道了，那是他读书的批注——浓郁的书香扑面而来，我根本无法抵挡这种诱惑啊。于是千磨万磨，求他偷偷借给我看。他答应了，但每次只能借走一本。那是怎样的心情啊！我拿起这本，放下那本，仿佛哪一本都舍不得放弃。记得最后我借走的第一本是《水浒传》的上册。这之后的日子，是我最快乐的时光。如饥似渴地读，每天晚上都看到实在不能坚持才睡。几天换一本来啃，虽然看得不是太懂，很多字也不认识，但我依旧兴致盎然。也就是两年多时间吧，我几乎读了他父亲藏书的大部分。虽然囫囵吞枣，虽然大多都忘记了，但那种偷书看的经历我再也没有过，那种沉醉的感觉永远不能忘记。

找书看，求书看，偷书看。书，就是这样成为我童年生活的主旋律，也是我童年记忆的亮色。

二、考试——求学生活的慰藉

考试，是求学路上谁也绕不开的。

我对考试，情有独钟。

1978年9月，我还不满6周岁。因为村里的孩子实在不多，而我周围一起玩的小朋友都上学了，妈妈就把我也送到了学校。一番好说歹说，校长终于同意收下我，但因为年龄不够，只同意让我做旁听生。还记得妈妈带我到一年级的郭老师面前，我怯生生地在地上写下“y”和“w”两个字母，算是通过了入班考试。第一学期，学校搞数学竞赛，我考了100分。当我拿着奖状回家的时候，妈妈激动得一把把我抱在怀里。事后很多年，妈妈还对我说：“校长夸你呢，说怪不得人家妈妈非要孩子提前上学，还真是挺聪明啊。”

这，算是我的第一次长脸的考试吧。

小学里，成绩也一直不错。那时候学生成绩不好必须留级，我记得我身边的同学总是换来换去。有时还赶上了和姐姐的同学做了同学。就这样，看书，游戏，考试，糊里糊涂就上了中学。

我上的是一所普通的农村中学——石人中学，就在邻村，大概一里地的路程。不过，这条路是土路，刮风扬尘，下雨泥泞。不必说校园里奔跑的身影了，也不必说晚自习路上晃动的电筒灯光了，留在我记忆深处的是每次令人兴奋的考试，哦，主要是考完试享受老师的赞扬和同学们羡慕嫉妒的目光吧，这大大地满足了我的虚荣心。长相一般，又没有什么特长，那么拿得出手的就只有考试了。所以，别人都是怕考试，只有我是盼考试。从初一开始，我就是年级总分的第一名。初二有一个学期，我曾经拿到过7门功课中的5门全年级第一。那时候全校开大会发奖，众目睽睽之下，我连续6次上去领奖(5门学科和总分第一名)，引起全校同学一阵阵惊呼。我一下子成了全校的考试明星。那种兴奋的感觉，使我很长时间都自信满满，仰头走路呢。当然，有满足，也有压力，更有对自己的激励。

初三那年，我转到了洛阳市第十二中学读书。这是一所区重点中学，教学质量是没的说的。转学考试，我语文考了110多分，可120分的数学只考了45分！我一下子泄了气。但意外的是，我依然被录取了。原来，数学是竞赛的卷子，我的成绩还是考试学生中的第二名呢。来到新的环境，投入紧张的学习，第一学期期中考试，我竟然排全年级第16名！这是从来没有过的打击啊。我一下子蒙了，好长时间都回不过神来。直到有一天，我了解到，我前面的学生都是复读生，他们都是学过一年初三课程的。从那一天我就发誓，一定要超过他们，把第一夺回来。我是个要强的人，嘴上不说，但每天晚上都把自己关在房间里学到很晚。有时为了一个题目没想通，可以连续几天苦思冥想。也许就是因为我这种“求通”的劲头吧，很多知识搞得比较透，做起题目来也更得心应手。期末考试我又夺得了第一名。次年，我以优异的成绩考入了洛阳市第一师范学校。我的成绩高出分数线45分呢。

就这样，走进了师范，这是我一生的转折点。

三、成长——师范生涯的挣扎

走进师范，算是跳出了农门。那一年，姐姐去接了爸爸的班，进国营大厂做了工人。我们家算是不错，两个孩子的工作都有了着落。

相比之下，师范的生活少了初中学习的压力，但生活清苦，依旧是艰难的求学岁月。多年来时常问自己，三年的师范生活究竟给自己留下了什么呢？是教师的专业知识吗？是学校学到的所谓的基本功吗？还是别的什么？

好像都不是。唯一能回答自己的就是——成长。

三年师范，进门时我还不到14周岁，毕业时不到17周岁。但是，我长大了。

人不经过事情是不会长大的。

常常会想起，师范里，那些经历的人和事。

失落。

一进入师范，带给我的就是巨大的落差和失落。初中三年，我都是学校的明星，教师的掌上明珠啊。学生会主席，团支部书记，班长，市级三好学生，好像所有的光环都投向我一个人。然而，到了师范，一切都瞬间消失了。我一下子从干部变成了平头百姓，不，是从宠儿变成了后娘生的。当然，这只是当时我自己的感觉。没有人刻意地去怎样你，或者说，根本就没有人注意到你。现在想想，当时的师范学生是群英荟萃啊，很多都是学校的尖子生考进了师范。我是一所农村学校来的，年龄又最小，还不到14岁，谁会注意到你，用你呢？没有人会知道，“削职为民”“无官一身轻”的我有多少个夜晚辗转难眠，回忆曾经的荣光，咀嚼现实的苦涩。应该说，在此之前，我还是比较顺的，因为从小学到初中毕竟是成绩好的学生，有点优越感。可是，到了师范，仿佛一切都变了。

巨大的失落感久久地折磨着我。今天我知道了，这，就是成长。

这样的失落还在继续。

我慢慢发现，我真的什么都不会啊。这些年我所有的自信都建立在考试上的，可是师范里更加看重的是能力。会打篮球也好，会打乒乓球也好，唱歌画画写字，什么都行，关键要拿得出手啊。可这些在我，从来都是空白。看着别人当众展示才华，看着同学们望着他们羡慕的目光，嫉妒和自卑就像一条蛇咬噬着我的内心。我忽然发现自己竟然那么笨，什么都不会，似乎十几年都白白浪费了，白活了一样。有一段时间，我的情绪极其低落。再也没有初中时的高昂的头，也没有初入师范的兴奋。

我在想，我就这样一直默默无闻、失落下去吗？有什么可以让我找回自我呢？

不知道什么时候，我才可以走出彷徨，走出忧郁。

这一天，不经意地来临了。那一次，是各班选拔人员参加朗诵比赛。不知道是谁忽然喊了一下我的名字。我吓了一跳，脸一下子涨得通红。要知道，除了小学跟着胡老师偶尔撇洋腔，初中三年，以至于到了师范，我从来没讲过普通话啊。现在去朗诵，只怕嘴都张不开。我赶紧推辞，但架不住老师的劝说，同学们的怂恿，也许自己内心也想有个证明自己的机会吧，我终于半推半就地答应了。

永远难忘的是那天的比赛，我紧张极了。等待的过程中不停地咽口水来稳定自己的情绪。奇怪的是，当我第一次站在话筒前面，当我真的站在那么多人面前，当我看到班里师哥师姐们期待的目光时，我的紧张感竟一扫而光，取而代之的是莫名的兴奋。

那天，我朗诵的是一首诗《不是》：

不是所有的男人，都不曾哭过，
只是因为哭过以后，才失去软弱。
不是所有的眼泪，都不再滚落，
也许它洒在心里，任狂风吞没。
不是所有的面容，都要时刻笑着，
也许笑得过多，将失去快乐。
不是所有的成熟，都意味着结果，
也许花开得过早，是个美丽的错。
不，不是所有的一切都像我们以为的那样，
当大地向一边倾斜，而太阳并没有走过。

当我字正腔圆的普通话出口，浑厚的男中音在会场回荡，说句不夸张的话，掌声是从第一句就开始的，直到最后一句结束，仿佛余音未尽，掌声还持续了好久。短短的一首诗，时而委婉，时而激昂，时而倾诉，时而呐喊。其实，我也是下意识地这样去读的。也许这就是所谓的语感吧。那一次，我才真正知道，其实声音可以传达很多东西的，声音也可以有很大魅力的。

我就这样一下子找回了自信。

随后，我开始担任班里的推普员，还担任学习委员(在师范的几年里，我的学习成绩在班里基本是第二名，有一个女同学实在考不过她啊)。那时候每天晚自习前有20分钟的普通话练习，我就组织大家变着花样练习普通话。有一段时间，同学们喜欢听我讲评书，我每周都准备一小段，不是很正统的，中间夹七夹八地乱讲，反正大家听得开心就行。这也成了我们班的保留节目。现在想想，那个时候所做的事情，无意间锻炼了我的口才，也锻炼了胆量。

到二年级的时候，我已经适应了师范生活，也找到了自己的位置。因为口才，我成为班里的节目主持人。逢有晚会什么的，我就有了用武之地。年龄最小，班里的师哥师姐也都照顾我。就这样，不知不觉地度过了后面两年的时光。

盲从，挣扎，思考。师范三年，是思想慢慢生长的时期。

从小到大的学生生涯里，我都是班里年龄最小的。所以可以说，我是看着比我大几岁的师哥师姐们的为人处世长大的。自然，自己的行为可能也会或多或少地受到影响。

值得一提的是班里男同学之间的关系处理。这是男人和男人之间的事。

我们班里主要有两部分同学组成。按地域划分，一部分是近郊的，一部分是县区的。那时候，他们基本上都比我大三四岁的样子。本来是在一个教室里学习的同学，甚至是一个宿舍的兄弟，但这中间偏偏就有几个人特别不对付。勺子哪有不碰到锅沿的，于是，因一些小事他们就会搞起摩擦来。最厉害的一次，甚至准备结伙到校外打架。男孩子这个时候有许多事情是不会告诉老师和家长的，所以直到现在，我们的老师可能都还不知道当年那剑拔弩张的一幕。我是班里最小的，又是乐天派。平时和他们关系都不错，他们也比较照顾我。可不幸的是，我们合伙吃饭的哥们中有几个个性也比较强，和县区的同学针锋相对，闹得很僵。于是，我也就不知不觉地被划入了近郊阵营。那些日子，我担心极了，嗅着他们之间酝酿着的火药味，真怕哪天会爆发出来。倒不是怕自己挨打，只是怕事情弄大了，学校会处分，甚至开除我们啊。大约有将近一年的时间里，这种担心都如影随形地跟着我，挥之不去。

有时候，我会坐在学校南边无人的地方，静静地想很久。其实，这些县区的和近郊的同学中，有很多都是私下的好朋友，很对脾气的。比如我，非常佩服县区同学中篮球打得棒的尚玉刚，书法写得好的智福祥，才华横溢的韦会强，爱下象棋的王治平，我们几乎每天都要杀上几盘。这么好的兄弟，可是一搭上地域划分，就好像有了芥蒂。这是为什么？是什么力量，是谁让大家成了今天这个样子呢？我无法回答，也琢磨不透。

或许人人都有不安全的心理吧，又或者其实那时的我们还没有自己的主见，喜欢热血上头，喜欢盲从吧。我不知道。

事情终于在师范的最后一年有了转机，但谁也没想到，竟是以这样的方式有了转机。

那是一个中午，不知道怎么回事，我班一个同学(近郊的)排队打饭时和厨房的师父发生了冲突。也就是几秒钟的时间吧，他和师父竟然隔着窗子动起手来。赤手空拳的同学被师父拿着长勺子敲了一下。这样，场面突然失控了。我们班的男同学一下子涌进了伙房，开始了一场混战。学生人多，自然占了上风。场面乱极了，我也自然被卷入其中。最后，在老师的干预下，学生及时撤出了伙房。事件以一位受伤师父挥刀怒骂，后勤老师死死抱住他而结束。这在我们三年的师范生活中算是一件大事儿了，因为最后派出所的民警也赶到学校，询问了情况，还做出了处理。值得一提的是，那一天，就在发生冲突的一刹那，我们班县区的同学竟然“不计前嫌”，也加入了“战斗”。大家“并肩战斗”的经历让以前的不愉快一下子烟消云散。男人间的摩擦和矛盾竟是以这样的方式彻底解决了。

多年后，大家有一次去看望班主任，席间把酒言欢。我在脑海中浮现一句话：渡尽劫波兄弟在，相逢一笑泯恩仇。

就这样，在盲从、挣扎中，我们渐渐地成长。

说说我的语文老师吧。

要说对我的影响，还是小学时鼓励我读书朗诵，上课讲到动情处会掉眼泪的胡老师，让我难忘。初中时英俊潇洒，粉笔字大开大合的王老师至今让我敬仰。进入师范，语文反而变得那么枯燥乏味，教师好像永远在自说自话，学生始终是懵懵懂懂。很美的文字，好像品不出什么味道来，变得毫无美感。倒是邻班的一位王灿老师临时代我们班的一节课，让我至今难忘。记得那天学的是苏轼的《念奴娇·赤壁怀古》吧。王老师没有多讲，他说：“我虽然普通话不标准，但我想读给大家听，唐诗、宋词都是要吟诵的，我努力读出点味道来。”他开始读了：“大江——东去——”我们一下子笑成了一团。谁会想到，他会把抑扬顿挫处理得这样夸张，又这么有韵味。读到“遥想公瑾当年，小乔初嫁了”时，王老师甚至做出忸怩的姿态说，听说，那小乔，比西施还美几分呢！教室里一下子炸了锅。

这是一次别开生面的语文课，这是一节让我们至今难忘的语文课。可以说，这节课也影响了我今后的语文课堂。在此，向已故的王灿老师致意。

一直以来，我都在想，为什么我们的语文课堂索然无味？为什么学生跟我们学了几年语文，却对这门学科毫无兴趣，对老师视若路人？我们做教师，做语文教师，究竟要教给学生什么，要给他们留下什么？

我还在想，语文教学，或许讲并不是最好的办法，也许读却是个不错的方式呢。

这些困惑伴随我很多年，也促使我时时去思考，去尝试。

无论如何，感谢我三年的师范生活，它使我慢慢开始成长，开始思考。

四、懵懂——初登讲台的摸索

1989年6月，我走出校门，开始了自己的教师生涯。

我被分配在一个近郊乡镇的中心小学——洛阳市郊区李楼小学。

扑面而来的就是一个巨大的挫折。它几乎让我难以承受。

第一学期，我任教的是五年级数学。那时候是五年制，这已经是毕业班了。我们乡是区里的教育示范乡，抓教学成绩、抓考试是出了名的。每学期期末，全校所有年级的所有班级都要成绩排队，向全乡公布。这对老师来说，是无形的巨大的压力。记得上班第一天，校长对我进行的就是这样的教育，考出好成绩就什么都好，就能在学校站稳脚跟。否则，恐怕将很难立足。毕竟，我们学校整个教师的教学成绩在全乡名列前茅啊。虽然也感受到了压力，但那时我才刚刚接触教学，还不知道要把压力转化为动力的道理，也不知道好的成绩要从平时的一点一滴做起。上课、上班都是一种玩的心态，再加上根本没去研究过怎么教学生，一个学期下来，我班考试成绩居全乡第26名，而全乡只有33个班！在我们学校，我也被老师们远远地落在后面，是全校最后一名！

这突如其来的打击，几乎使我没脸走进学校，没法面对领导和学生。

整个寒假，我浑浑噩噩，都不知道自己在想些什么，干些什么。只是在一遍遍地回忆，咀嚼吞咽着苦涩，拼命地找自信，鼓励自己要站起来。

我知道，拯救自己的人只能是自己。让自己走出来的办法只有一个，那就是考一次好成绩，证明自己。

“男儿的成长是从他对人生猛醒的一刻开始的。”不知是哪一位同学曾在我的毕业留言册上写下这样一句话。它深深印在我的心里。今天我就来践行它。

新的学期开始了，我的岗位调整了——教三年级语文，当班主任。

这一次，我的心开始沉下来了，整个人开始静下来了。不再疯玩瞎闹，不再游戏课堂。

我知道自己要从每一天、每一节课抓起，我努力让学生每一节课都把基础知识扎实掌握，每天按时布置批改作业，并经常和家长联系，不给孩子逃避作业偷懒的机会。我知道，要想取得好成绩，只能靠认真两个字。

好想念那时候简单的生活啊。多少个下午，我带着学生打扫完卫生，就坐在教室外面批改作业；学生排着队，来一个个背书。十七八岁的我，无忧无虑，好像有的是时间可以挥霍，好像精力永远都不会用完。我几乎天天和孩子们泡在一起。上课一起读背默写，下课一起玩耍劳动。我才发现，其实和孩子们在一起也可以那么快乐(其实我只比他们大几岁)。那些日子，我明显感觉到自己在一天天地变化。变得正经了，懂事了，投入了，心也一点点变得充实起来。我在一天天地调整，一天天自信起来。我开始就一个字的笔画读音去请教低年级的吉爱芝老师，我开始向潘桂英老师请教管理班级的方法诀窍，我开始走进老教师的课堂向他们一招一式地学习，我开始觉得工作和生活其实可以这样简单，这样充实。我努力着，也盼望着，盼望着证明自己的时刻到来。

终于在忐忑中等来了期末考试。揭榜的那天，我根本不敢去乡里看，那种等待的滋味真是无法形容。直到一位老师回来兴奋地告诉我，你考了全乡第一名！一时间，我都不敢相信自己的耳朵。好久好久，才相信不是做梦。当校长和老师们向我表示祝贺时，我默默地背转身，回到办公室，静静地坐了半天，不争气的泪水无声地流淌。

皇天不负有心人。这就是我第一年教书的最深的体会。

从那以后，我就和语文结下了不解之缘。在好多年全乡语文考试中，我的名字都排在前两名之内。许多了解我的人都说，你还是适合教语文啊，那么有才气。其实我自己知道，付出才有收获。

仅仅会抓考试就算是会教书吗？这时，我还从来没有想过这个问题。我还停留在自己每学期考试的沾沾自喜中呢。

人，总是会醒的。或早或晚。

五、惊醒——突如其来的顿悟

在我的教学经历中，有一些课对我影响至深，令我终生难忘。

惊醒，是从一次听课开始的。

大概是 1992 年吧，有一次到乡里去看录像课，内容是第二次全国赛课后，河南省邀请部分大赛一等奖获得者举行的一个叫“黄河之声”的教学活动。

听了两位女教师的课之后，一位男教师开始讲课，他执教的是魏巍的作品《再见了，亲人》。漫不经心地听了几分钟之后，男教师开始范读课文了。全场开始还有窸窸窣窣的声音，片刻就静了下来。男教师声情并茂的朗读一下子吸引了大家。全场从此刻开始，气场在渐渐凝聚，情感在渐渐升腾。

更大的震撼还在不断冲击着每个人的心。这么多年了，让我再回溯一下这位老师经典的教学片段吧。

【课文第二段】

大娘，停住您送别的脚步吧！为了帮我们洗补衣服，您已经几夜没合眼了。您这么大年纪，能支持得住吗？快回家休息吧！为什么摇头呢？难道您担心我们会把您这位朝鲜阿妈妮忘怀？不，永远不会。八年来，您为我们花了多少心血，给了我们多少慈母般的温暖！记得五次战役的时候，由于敌机的封锁，造成了暂时的供应困难。我们空着肚子，在阵地上跟敌人拼了三天三夜。是您带着全村妇女，顶着打糕，冒着炮火，穿过硝烟，送到阵地上给我们吃。这真是雪中送炭啊！当时许多同志都感动得流下了眼泪。在您的帮助下，我们打胜了那次阻击战。您在回去的途中，累得昏倒在路旁了。我们还记得，我们的一个伤员在您家里休养，敌机来了，您丢下自己的小孙孙，把伤员背进了防空洞；当您再回去抢救小孙孙的时候，房子已经炸平了。您为我们失去了唯一的亲人。您说，这比山还高，比海还深的情谊，我们怎么能忘怀？

【经典片段】

师：同学们，志愿军战士和大娘告别的时候，回忆了几件事呢？

（学生快速读后，交流，达成共识。三件事：1. 洗补衣服；2. 送打糕；3. 救伤员。）

师：在这三件事中，最让你感动的是哪一件事呢？

（师生交流：1. 洗补衣服——大娘几夜没合眼；2. 送打糕——大娘昏倒在路旁；3. 救伤员——失去小孙孙。最感动的是第3件事，因为付出了血的代价。）

师：请同学们来读一读描写救伤员的句子，看看怎样读能读出情感。

（学生练习。一生站起来读："我们还记得，我们的一个伤员在您家里休养，敌机来了，您丢下自己的小孙孙，把伤员背进了防空洞；当您再回去抢救小孙孙的时候，房子已经炸平了。您为我们失去了唯一的亲人。您说，这比山还高，比海还深的情谊，我们怎么能忘怀？"）

师：同学们，读书的时候，如果能突出一些词，强调一下语气，往往更能表达情感。你们看，这段话中，突出哪些词句就更能表达情感？

生：老师，我觉得要突出丢下和背进两个词。因为大娘丢下的是小孙孙，背进防空洞的是志愿军的伤员。

师：好。

生：我觉得小孙孙和伤员可以对比读，应该强调一下。

师：不错。同学们理解得很好，都有自己的想法。你们告诉我，什么是——唯一？

生：唯一就是只有一个。

师：大家想过没有，大娘为什么只剩下这一个亲人了呢？

生：大娘的亲人，包括小孙孙的爸爸妈妈有可能被敌人杀害了吧。

生：也可能打仗时牺牲了。

……

师：是啊，同学们，大娘的亲人，可能在保家卫国的战斗中牺牲了，也可能被侵略者残忍地杀害了——由此可见，这唯一的小孙孙在大娘的心目中占有多么重要的位置啊。可是，当敌机飞来的时候，大娘背起的是志愿军的伤员，丢下的是自己的小孙孙！她保护的，是一名普通战士的生命，而失去的——却是自己唯一的亲人！谁再来读这段课文，读出我们的情感，我们的敬意。

（一个学生读，很有情感。）

师：同学们，刚才我们知道，读书时突出强调一些地方，可以读出情感。其实，朗读中适当的停顿也有助于表达情感。下面老师来读一读，请同学们闭眼听，想象，在老师停顿的地方，你看到了什么？

【师读：（开头比较舒缓）我们还记得，我们的一个伤员在您家里休养，（下面连接很紧，突出紧张气氛）敌机来了，您丢下自己的小孙孙，把伤员背进了防空洞；当您再回去抢救小孙孙的时候，（此处突然是较长的停顿，和前面紧张急促的语气形成反差）房子已经炸平了。（后面的几乎一字一顿，浓烈的抒情）您为我们失去了唯一的亲人。您说，这比山还高，比海还深的情谊，我们怎么能忘怀？】

（全场鸦雀无声，学生眼里噙着泪水。持续约10秒钟。）

师：谁来说说，在老师停顿的地方，你看到了什么？

生：我看到了，大娘回来之后，面前是滚滚的浓烟，房子已经倒塌了，小孙孙也不见了。

生：我看见了，大娘趴在瓦砾堆里，喊着小孙孙的名字，扒着砖瓦在寻找。

师：是啊，大娘再也听不到小孙孙甜甜的喊奶奶的声音了，再也看不到小孙孙红红的笑脸了。

生：老师，我看到了，大娘呆呆地站在那里，她就像一座雕塑啊。

师：是啊，老师也看到了，一阵微风吹来，掠过大娘额前的一缕白发。大娘的心——碎了！谁再来读一读这一段？

（一个学生朗读，几度哽咽，泣不成声。）

师：同学们，这个同学是流着眼泪读完了这一段。这眼泪，是被大娘的崇高精神所感动的眼泪；这眼泪，是被中朝人民鲜血凝成的友谊感动的眼泪！

（经久不息的掌声。）

真正的好课一定是深深地打动人心的，以至于多少年后，人们还会津津乐道。是什么让我 20 年来对这节课还念念不忘？对了，是朗读，是他的导读。当课堂上师生以情激情，以心动心，当导读成为一种艺术，学习语文成为一种享受的时候，我们才会体会到一位语文教师的乐趣和价值啊。我羡慕他的导读，羡慕他的教学艺术。是这节课，让我知道课堂还可以这样富有激情；是这节课，在我心中播下以读代讲的种子。

这位老师，是辽阳的张春和老师。向他致敬。

如果说，张春和老师让我知道了朗读的轻重缓急有多么重要，那么支玉恒老师的导读更是让我体会到朗读虚实浓淡的无穷魅力。

【支玉恒老师《第一场雪》导读】

(1)谁能把下雪读得很大很大？

师：我们先读一读看见的雪，读的时候要把雪下得很大的那个气势读出来，大家看这场雪下得大不大。

（生读课文有关部分。）

师：这场雪大吗？

生：不大。

师：谁能比他下得再大点？（笑声）

（生再读课文。）

师：够大吗？

生：不够。

师：那么谁来建议，要想把这场雪读得很大，哪些词应该强调地读得重一些？

生：我觉得应该把纷纷扬扬，大片大片和彤云密布这些词读得重一些。

师：你给作一下示范好吗？

（生读课文。）

师：这次读得不错。他把那几个重点词强调出来了，大家再跟着我把这几句一块儿读一下。(教师带学生逐句学读。)好,谁把刚才这一节再读一下?这回要下得很大了。

(生读课文。)

师:她这几个词强调出来了。但有一个缺点,谁听出来了?

生:刚才我们只读了两句,其余的她不应该读。

师:我们是让读这一节,她读得对。——她读得有点太缓慢了,把大雪的气势给延缓了,是不是——你再读一次。

(生再读。)

师:地上一会儿就白了,应该强调一会儿,为什么?

生:强调了一会儿才能突出雪下得很大。

师:为什么?

生:因为雪下得大,地上一会儿就白了。

师:一会儿表示什么意思?

生:一会儿表示很快。

师:很快地上就白了。雪下得大不大?

生:大。

(2)谁能把雪夜读得很静很静?

师:山村静夜。那么怎样才能把这个静夜读得很静?谁来试试?

生:读课文。(冬天的山村……偶尔咯吱一声响。)

师:他读得静不静啊?(学生答静。)他为什么能读得这样静?你给大家介绍一下。(指读文学生。)

生:因为我读得有点儿轻,还有点儿慢,所以显得静。

师:对。一轻二慢。怎样才能体现这一点呢?我告诉大家——读这样表示非常静的句子,要用虚声来读,不要读得太实。听我来读。

师:(用实和虚两种读法读句子,让学生对比。)哪种读法显得静呢?

生:第二种。

师:对。要读得怎么一点儿呢?

生:虚一点儿。

师:那谁来虚一虚呀?(笑声)

(生读课文该节。)

师:(赞赏地)嗯,还咯吱一声响。(学学生读的声调。)

师:既然那么静,就应该一点儿声音都没有,那他还写了那么多声音干什么?一会儿簌簌往下落一会儿咯吱一声响。

生:作者写的声音都是很小的,如果不安静,就不容易听见。

师:对不对?(学生答对。)这叫静中微响,更觉其静。你们写作文时经常这样写,比如教室里非常安静,简直能够听到……

生:(接说)一根针掉在地上的声音。

师:好,再来试试,比他读得还要静。(笑声)

(生读文。)

师:他读得静不静啊?(生不答。)看来大家不太满意,是吧?你来推荐一个同学再读一下。

(生读文。)

师:好,的确不错。

(3)谁能把雪景读得很美很美?

师:第二天清早,天就放晴了。我们看看雪景好不好?(生答好。)雪景很美,谁能把它美美地读出来?(笑声)他读的时候,大家闭住眼来听,看他能不能把你带到那么美的雪景中去。(笑声)

生:(读文)今天早晨……五光十色的彩虹。

师:你们听他读完这段,是不是感到走到雪野中去了。(生反应不一。)

师:刚走到雪野的边上,(笑声)是不是?啊,没进去。谁能带着大家进去?(生再读文,但读得不好。)

师:进去了吗?

生:(齐)没有。(大笑)

师:啊,是没有。可能刚才那位同学领着咱们走到了雪野的边上,他又领着咱们出来了。(大笑)

师:咱们一起读一下,看看我能不能把大家领进去。(示范读,带读。)往前走了几步没有?

生:走了。

师:谁接着领大家往前走?

是什么让支老师的课堂具有如此魔力?让他的导读行云流水,随心所欲?是他幽默的语言,还是匠心的设计?似乎都有。我只知道带给我的是巨大的冲击。是高山仰止的渴望。我想成为张老师、支老师那样的老师——一粒种子在我的心里慢慢开始萌生，发芽。

我的教学，也要以读为主要手段，我想。

六、执著——一路艰难的寻行

后来的几年，也听过一些课，引起过自己的思考。但都是一直在心里酝酿着，积淀着，等着喷发的那一天。

1994年6月，偶然的一次机会，洛阳市教研室的老师到我们学校来听课。这可是市教研室的老师很多年来第一次来到我们这个农村学校来听课啊。这是学校的一件大事。可是，头一天才得到通知。如此仓促，让谁上课呢，我们的梁校长找到了我。那可不行，我连连摆手，因为在此之前我从来没上过公开课，连一点经验都没有。梁校长虎着脸，严肃地把这个任务交给我，一点也不容我推辞。我只好接受了。

接受是接受了，可是上什么课呢？我左思右想，还是发挥自己的特长吧。虽然不会上课，但我会朗读，班里孩子们的朗读水平也很好的。于是我选了《别了，我爱的中国》一课来上，这是当年人教版教材五年级的最后一课，感情充沛，正好适合我发挥。就这样定了，那个夜晚，我独自在办公室里写了个教学简案，就开始一遍遍练习朗读。不想丢人不是吗？明天，不管课上得怎么样，总要让他们说，小伙子书读得还不错。呵呵。

第二天，来听课的是两位女教师，很和蔼的样子。后来知道，一位是李德音老师（我最初的伯乐，启蒙老师），一位是唐老师。上课的细节已经记不清楚了，只记得自己很投入，孩子们也读得很带劲。课文三次出现的“别了，我爱的中国”，我们分别用三种语调来处理，一边体会情感，一边揣摩朗读，孩子们渐入佳境。

永远难以忘怀下课后梁校长满意的笑脸。唐老师握住我的手说，小伙子，你读得太好了。我的眼泪都要流下来了。激动的情绪在每个人心中蔓延。李德音老师当时就拍板，让我代表我们区参加下半年举行的全市语文教学大赛。

就像一块埋了5年的石头，我忽然被发现了。我好像也一下子惊醒了。

春天来了。

为了下半年的比赛，我才真正地开始接触语文课堂的研究和学习。也许没人会相信，在之前的五年里，我几乎没有看过一本语文教学的专业杂志，更不知道写论文是干什么用的。在那个暑假里，我才开始第一次认真地去找语文杂志来看，争分夺秒地充电。我们区教研室的庄明轩老师开始给我布置任务，并手把手地开始教我。那时我才知道，看似简单的课堂其实还有许多玄机啊。

一个充实紧张的暑假。

下半年的比赛还比较顺利，我仍然是以朗读取胜，读占鳌头嘛。只是第一次在大会场上课，不免还有些紧张。比赛的结果，我夺得了第一名。

尝到甜头的我信心满满。

我参加比赛的三级跳是从1995年开始的。

1995年，我参加河南省首届语文教学大赛洛阳市选拔赛，以《我家的小园》夺得第一名。1996年，参加省赛，在开封师专大礼堂，以一节《千里跃进大别山》获得一等奖。

我想，我的教学获奖肯定就此终止了。全国大赛的机会哪里会幸运地降临到我的头上呢？船到码头车到站了吧。

谁会想到呢，1997年上半年，我忽然获悉，有一个参加全国大赛的机会到了洛阳，我有机会参加选拔呢。这突如其来的消息一下子让我无比兴奋。消息落实后，我又开始了夜以继日的苦读硬啃。那一段时间，我从来就没有分过白天黑夜，坐下，躺着，任何时候脑海里出现的都是名师上课的情景，都是自己教学环节的设计斟酌。在艰难地选拔之后，我终于脱颖而出，准备参加全国大赛了。

参加全国大赛的经历是我终生难忘的，刻骨铭心，永难复制。更是与我的两位师父，也是我的大姐刘津萍、张丽霞同甘共苦的岁月。

那时候，刘津萍老师刚主持市教研室小学语文工作，这是她接到的第一个分量最重的任务，也是全国小学语文大赛第一次由洛阳来承办。当时，全国大赛已经举行三次了，河南都是一等奖。郑州两次，开封一次。那么，洛阳怎样呢？我们的压力可想而知。

1997年8月，我参加了在内蒙古呼和浩特举行的大赛筹备会，抽了课题，抽到的是《林海》。各省的专家和选手聚在了一起，见到了崔峦、袁蓉等顶级的专家，开了眼界，同时也感到肩上的压力倍增。那年我25岁，是所有参赛选手中资历最浅的，又是农村教师。听着别省的参赛选手侃侃而谈，发表自己的见解，我不由得自惭形秽。我拿什么来和大家拼呢？我问自己，却不知道怎样回答。

备课的过程痛苦无比。因为我发现，多次修改的教案渐渐地没有了自己的东西，而课堂上的我也开始变得无所适从，失去了以往的潇洒幽默。慢慢地，我开始怕参赛这件事，任何人提起来都会让我慌神好一阵子。但是，又不得不去想啊。课堂框架的设计，教学细节的推敲，经常令我心烦气躁，头疼不已。感谢我已故的师父狄老师，我曾经无数次登门求教，他从不厌烦；张丽霞老师为了一段话的朗读，手把手为我示范，直到心领神会；比赛前夕，刘津萍老师曾经一夜没睡，在课堂上亲自为我示范。这些，成为我走上赛场的动力，同时也是压力啊。我想，如果拿不到一等奖，怎么见江东父老，情何以堪啊。

于是，我告诉自己，什么都别想了。自己琢磨吧，内化了，就是自己的。我要的是自己的课堂，自己的。

10月17日下午第二节课，我上场了。我暗暗叮嘱自己，一定要忘了一切，轻装上阵。还是以读为主，还是努力调动学生，还是故作潇洒，还是板块式的框架结构。导读时，当学生读到"高点儿的，矮点儿的，长点儿的，短点儿的"时，他们随着我的手势抑扬顿挫，场下响起了热烈的掌声。

"读"擅胜场！我成功了。我获得了一等奖！

那一瞬间，我泪如雨落。那个夜晚，在雨山湖畔，我走了好久好久。

那个夜晚的感觉，至今难忘。

有时候，记住一些事，其实就是记住一种感觉。

这是长久的压抑和挣扎后的释放的感觉。

永远感谢曾经帮助过我的所有人。

七、回顾——影响至深的糗事

忽然很想写写自己教学生涯中那些失败的经历，或许这些糗事，更令人难忘，更令人深省，让人沉思。

我想起一句话：人在做，天在看，偷懒就是玩火，悠着点啊。

还是在李楼小学的时候吧，突然有一天，梁校长叫人把我叫到办公室。我不知道什么事情，一脸兴奋地跑进校长室。哪知道，她一脸严肃地坐在桌前，面前是一沓厚厚的作文本。她指指作文本，让我解释。我一看，坏了，原来开学到现在快两个月了，只顾着玩，作文还一篇都没改呢。我的脸一下子红了，耷拉着脑袋再也不出声了。很久很久，梁校长都没说话。我偷眼看去，知道她气得不行啊。我也知道，她对我寄予了很大希望的，希望我能做个给大家做出榜样的名师呢。

是谁打的圆场我不记得了，只记得梁校长最后说了句，你自己看着办吧。之后有好几天都没理过我呢。当天晚上，我赶紧连夜把作文全部批改完。几天后才敢拿给她检查。从那以后，我再也不敢这样偷懒了。

呵呵，梁校长，我再也不敢了。

人，要学会放下。简，就是我追求的课堂。

2005年4月,洛阳牡丹之春教学观摩大会。那一次,我是风尘仆仆地从外地讲学赶回来的,在工人文化宫执教语文版教材的文章《父亲,树林和鸟》。我有一个习惯,如果课备好了,板块清晰,简单易行,就会很自信很从容很潇洒。但如果没备好,过程烦琐,不能跳出来的话,就会格外紧张。那天就是这样,上场前,我还在努力记忆每一个环节,早就失去了往日的洒脱。果然,一上场,学生就开始不听"使唤",我开始跟着学生乱跑了。每走一步都是那么艰难,学生学得是那么生涩。台下的老师都不由得为我着急。那一次,洛阳市专门请了杨再隋教授和《小学青年教师》杂志的编辑来听我的课呢。可是,他们却失望而归。

很长时间,我都无法从阴影中走出来。我恨自己,不能沉下心来备课,失去了一次很好的机会,辜负了刘津萍老师的期望。至今我都痛悔不已。

那一段时间,是我留在洛阳的最后岁月。学校纷杂的人事关系令我痛苦不已,我根本就没有时间和心情坐下来备课。有几次刚和刘老师坐下来备课,就被领导电话追询。之后,经过激烈的思想斗争,我终于决定走出来。2005年8月,我来到了江苏,开始了人生新的一页。

但是,留在洛阳的难以回首的绝唱,是我永远难解的心结。

从此,我告诉自己,要学会放得下。任何人任何事,都不会再影响再阻挡自己在语文道路上的前行。历史不能再重演,一切都在自己。

我还知道,我今后的语文课堂,一定不是满的,一定是简单的,板块清晰,操作方便。在备课时做加法,上课时一定要做减法。

简,就是我追求的课堂。

至今,这样的情况再也没有出现过。因为我坚持着自己的原则。

蓦然回首,已经度过22年的教学春秋。抚今追昔,不胜感慨。

谨以此文,纪念自己走过的岁月。

应变,让智慧在课堂绽放

许多教师都有过上公开课的经历。即便没有,每天面对着几十个学生上课,也多少有些"公开"的味道。我们手捧精心设计的教案走上讲台,总希望课堂上每个环节的推进很顺畅，最好一切都在“意料之中”。如果预设的精彩如约而至，课堂上有一种“行云流水”般的感觉，恐怕要让人兴奋好一阵子。然而，事实并不总是如此，课堂上总会出现这样那样的意外，常常“节外生枝”，令我们始料不及。

和大家一样，刚开始讲课时，这是个令我头痛的问题，而且会困扰自己很久，甚至每次上课之前都会莫名地紧张。后来，课讲多了，也就慢慢地懂得：这一切是多么正常。教师哪怕手执同一份教案，面对不同的环境，面对不同基础的学生，也难以复制出一模一样的课堂。因为课堂始终是动态的，是动态的就会随时有意外的生成，有意外生成就决不会完全相同，甚至连相似都难得。那么，面对课堂上的“变”，教师就需要机智的应对。

机智，应该是一个成功的授课者的法宝。灵活地应用它，整个授课的空间会在无形中得到延展。也许一个灵光闪现就会开启无数智慧的头脑，也许一个妙手偶得就能点亮无数双闪亮的眼睛。

十几年来，上过许多课，现撷取其中几个课堂机智应对的片段，与大家共同推敲、斟酌、品析。

一、稳中急智　走出“险境”

算起来，这是我第一次登上公开课的讲台，在一千多名教师的“众目睽睽”之下作公开教学。

1994年，我22岁，在一所农村小学教语文不到5年。

那是在比较封闭的环境中摸索的5年。5年中，我很少看教学类的杂志(印象中没有)，也许曾经看到过，但眼光却不曾停留。那时的我啊，眼睛只盯着学生的分数，其他的一概不顾，内心甚至固执地认为读那些书没有什么用。自然，上课也很随意，脚踩西瓜皮，滑到哪里算哪里。可以说，讲这节公开课之前，我几乎没有得到任何有经验的教师的指导，我的课堂，朴素、张扬又极不规范。当然，我也有自己的优势，那就是比较浑厚的嗓音、充满激情的朗读和还算过得去的一些“文采”。

就这样，我走上了洛阳市优质课大赛的舞台。

那天，我讲的是郑振铎的《别了，我爱的中国》。课堂上，第一段的学习中，我引导学生体会郑振铎所见、所闻、所想，抓住“倚”字让他们展开联想，反复朗读来体会离愁别绪。这下，孩子们渐渐来了情绪，一个个眼睛泛潮了。

下一步，我准备把他们弄“怒”，我心中暗自得意。

进入了第二段的学习。内容是：

船慢慢地向前驶着，沿途停着好几只灰色的白色的军舰。不，那不是悬挂着我们国旗的，那是帝国主义的军舰！

我先请几位同学读，看来，孩子们还沉浸在依依不舍的离情中，声音低沉而缓慢，这正是我大展“导读”手段的时候了。我问学生：“此时此刻的作者，也就是你。你必须把自己当成作者才能感同身受。告别了亲友，你——乘船缓缓前行，或许此时你还沉浸在与亲人的离别情绪中，但——你看到了什么？”

“军舰！”孩子们异口同声地回答。

“军舰是用来做什么的？”我点拨。

“打仗的！”

“用于战斗的！”

……

孩子们一下子陷入了沉默。他们肯定想到了：这些外国的军舰究竟是来干什么，来对付谁的？

我又适时地补充：“此时，船只是缓缓地前行啊！同学们，每个国家都有近陆海域称为领海。和领土一样，领海是属于这个国家的，神圣不可侵犯！这时候，船一定还行驶在我国的领海，或许还是内海，但帝国主义的军舰，用来打仗的军舰已经在这里啊！”

孩子们的情绪一下子被点燃了，他们纷纷发言，抒发自己心中的愤慨……

看看差不多了，我顺利地引导他们进行朗读。然而激情有，但因为缺乏朗读技巧，读得不尽如人意。尤其是“白色的军舰”和“不”之间的停顿和突兀的情绪变化，学生怎么也读不出来，达不到以情感人的效果。

其实，这一切也在我的预料之中，我终于有机会展示我的朗读水平了。

我捧起书，开始了范读。对自己的朗读，我颇为自信。我很投入，一时场上场下鸦雀无声（在备课时，其实我是预料到有这一幕的）。平缓的叙述后是短暂的停顿……我似乎沉浸在郑振铎的情感世界，触摸到他看到军舰时看似沉默，其实激荡的内心。他的心绪从离情向悲愤产生巨大转折！

“不，那不是悬挂着我们国旗的，那是帝国主义的军舰！”我终于爆发了。

短暂的沉默，随之响起一片掌声。

这些，我早已预料到了，隐隐有些得意。

“同学们，我想问问你们，在听老师朗读时，在老师停顿的地方，你——想到了什么？”我想进一步点燃他们。

意外就在此时发生了。

有一个同学站了起来:“老师,你读得真好! 我想问你,当你读这段话的时候,你想到了什么?”

他的眼里似乎有些发亮,声音很真诚。

而我却一下子慌乱了,甚至有些发懵:“市里的孩子真鬼,敢反问老师!”

我不由得想到,在像我们一样的一些农村学校里,孩子们更习惯于倾听和回答,显得很“乖”。

他的反诘一下子“将”住了我。

怎么办? 我心里一下子闪过好几个念头。也许当时只是一霎间,台下所有的目光都看着我,时间似乎凝固了,我仿佛听到自己心跳的声音。

“你,你叫什么名字?”我的结巴似乎不太明显,我想先拖延一下时间。

“赵子琪!”孩子们响亮地回答。

“反问老师——你们觉得赵子琪同学怎么样?”我先把球踢给了学生们。

有两个同学对他的敢于反问表示赞扬,大家一致赞成。

“是啊,我们应该向他学习……”一边说,我一边急速地思考对策。对,首先要使自己镇静下来! 一瞬间,我机警地想伸出手去,不,不是真正的伸出手,而是在意念中的伸手——把刚才沉浸在郑振铎情感世界中的想象拉回来!

渐渐地,我眼前出现了一幅画面,我的目光空灵起来,望着远处,仿佛视若无物,甲午战争的炮火,圆明园的大火,屈辱的“和谈”,不平等的条约……

“同学们,我看见了!”我一下子兴奋起来,感谢兴奋的大脑皮层! 我控制着自己的情绪,使声音变得低沉:“我看见了,八国联军攻陷了天津、北京,他们烧、杀、抢、掠……我看见了,帝国主义的军舰驶进中国内海,他们不可一世,肆无忌惮……山河破碎,祖国到处是残垣破壁、滚滚浓烟! 母亲在呻吟,同胞在流泪……”

其实,备课时我就有许多感动,情绪也曾多次随作者的情绪跌宕起伏,许多语言也一直曾片片断断地在心中闪现过,而此时,它们似乎一下子都“复活”了,排好整齐的队伍,从我心中喷涌而出!

场下又是掌声,我不禁揩去头上的汗水。好险! 差点砸锅!

许多年后,我经常对别人提起这次应对,得意于自己的机智。“稳一下,从容应对”这是我这节课后最深刻的感悟,它使我在课堂上仿佛一下子长大了许多,沉稳了许多。

“每逢大事有静气。”我每每这样告诉自己。

反思 这是我走上“公开课之路”的第一节课。

人总是会对许多第一次难以忘怀，我也不例外。今天，这节课上的许多细节还历历在目。

尤其，是这个被反诘的细节。

直到今天，有时回忆起来，我还会想：当时，我哪来的那份沉稳，那份机智，哪来的那些如珠妙语呢？思忖再三，觉得一切还是应该归功于课前深入细致的备课中。说实话，备这节课的过程很苦，因为我毕竟还不“上路”，而公开课要求有相对规范的课堂，这中间就吃了不少苦头。但同时，我也收获了许多感动。记得中师时读郑振铎的《海燕》，只觉得文章很美，“那一缕缕的乡愁”会在心头飘荡很久。那时，就曾经了解过郑振铎，读过他的一些作品。然而，要走进《别了，我爱的中国》中郑振铎的内心世界，必须回放历史镜头，回到那风雨飘摇的年代。作为一个有志青年，他会想什么？做什么？有怎样的心绪？怎样的激情？

于是我重新捧起历史书，读辛酸屈辱的近代史，看《甲午海战》，看《火烧圆明园》……如同撕开一块块伤疤，常常使人血脉贲张。读着读着，仿佛自己就成了郑振铎，为寻找救国的道路，被迫离国！再读文章中的文字，我一遍遍地在内心体会他复杂跌宕、爱恨交织的感情，字里行间仿佛都能触摸到他火热的爱国心……黄土、青草、波浪……一草一木都倾诉着作者的情，也牵动着我的心！

说实话，那一段时间，我觉得和郑振铎的心是那么近，那么近。我几乎恍恍惚惚，常常念念有词。

现在回想那种感觉，真正叫“备课备进去了”。当然，备课时总觉得好像心中涌动的东西有很多很多，但却不知从何说起。片片断断的想法和语言很多，但总也联不起来。

课堂上，在那一瞬间，仿佛一切都“通”了，一切都“喷薄”而出！于是，才有了场上镇静应对的一幕。

仔细想想，我其实还应该感谢很多。临场不乱——感谢曾经有过的多次当众展示（如演讲、发言等）；侃侃而谈——庆幸幼时喜欢读书，喜欢听评书；旁征博引——因为自己从小就喜欢历史，爱琢磨历史事件、历史人物……

原来，机智应对更多的来自平常的积累和准备。

我才明白“一节课要用一生来准备”这句话绝对不是空谈。

二、物归原主　柳暗花明

1996 年 4 月 25 日，开封师专大礼堂，我参加河南省首届优质课大赛，执教《千里跃进大别山》。

此时的我，比起两年前，经历了几次打磨，成熟了许多。我在教学上朝着生动、深入浅出的方向努力。

课堂开始时很顺畅，我抓住“狭路相逢勇者胜”这条主线，引导学生理清层次，并且学习了“狭路相逢”一部分。课文营造的“前有强敌，后有追兵，水深无船”的紧张形势，学生通过朗读表现了出来。课堂似乎真的进入了课文描写的紧张氛围，大家的心绷紧了。

我不禁暗自得意：自己真是一个创设情境的高手。没想到，意外很快出现了。

课文内容为：

肖旅长和李政委正在河边商量对策，一位参谋跑来报告：“刘司令和邓政委来了！”

我的意思是，面对紧张的形势，我军正束手无策，此时，刘邓首长的到来无疑是给全军带来希望，带来必胜的信念，这是来了主心骨，也是来了定海神针，所以参谋必定是兴奋地、激动地喊。然而学生说则说了，懂也懂了，但读却根本不是那么回事。开始像念字，一字一顿的，我教他们像“说话”的语气，进而像“喊话”，然而要“喊”出紧张又兴奋的语气就不容易了。

一下子，似乎陷入了窘境。

怎么办？我的额头又渗出了汗，因为有些胖，前些年上课，我总是爱出汗，尤其是遇到不顺的情况。这不，又来了。

“老师，我来！”一只举起的小手引起了我的注意。对呀，何不“物归原主”，把球踢给学生，让他们想想办法？

“你来！”我信心十足地叫起了他。

这个同学的想法未能获得成功。但我已经决定放手让他们想辙了，发挥学生的主动性嘛！况且我实在已经“黔驴技穷”了。

“我来做导演！”一位大眼睛的男同学想出了“鲜招”。

他拉着一位同学（即参谋的扮演者）面向台下，开始引导：“你看到了吗？那里就是汝河，肖旅长和李政委正在河边站着呢！（台下影院入口还真有几位站着听课的老师的身影）你快喊，喊呀！”

“肖旅长、李政委——刘司令员和邓政委来了！”“参谋”望着台下远处，急切而兴奋地喊起来！

台下又是掌声，我也兴奋得手都拍红了。这个聪明的导演，精妙的引导！

令人惊叹！我不禁当着全体教师、同学的面，向这个同学深鞠一躬，向他致谢！

教师一定比学生强吗？不一定。有时候，真正放手让学生去想办法，会有意料不到的结果。从这节课后，我在课堂上经常放手让学生去“做事”。当然，多是有意为之，鲜有“无奈之举”。

反思 这是一次无奈的选择，当时我真急了，只好把“球”踢给了学生，没想到“山重水复疑无路，柳暗花明又一村”。

课后，常常反思，为什么这不曾预约的精彩竟是来自老师的无奈之举？课堂上我曾经有意识地放过手吗？“学生为主体”已讲了多年，谁都会讲这句话，然而我们的课堂上，学生真的自主了吗？自立自主、自己做主，我们的学生做了多少主呢？

请看今日的课堂：

提出问题是老师操纵的——虽然表面上让学生自由提问，颇为热闹。但明眼人都知道，教师的“梳理”才是暗含玄机。一番甄别比较，最后抛出的要解决的问题还不是老师的“囊中之物”？

解决问题是老师引导的——巧妙设疑、环环相扣、步步为营、滴水不漏，真是缜密而科学！可是缺的是一条——真实。有时我甚至觉得“精心设计”一词多么有讽刺意味！

课堂辩论是教师主导的——学生稍有偏离的发言，教师马上接过，开始侃侃而谈，真不知谁在辩论？何曾能见过学生发言有理有据、旁征博引、滔滔不绝？

课堂总结是教师预设的——让学生作总结如何？许多人不愿意尝试。大家会说，学生还没有那个认识，语言水平不到家，总结不到位。是啊，不给机会，何时到位？也许放一下手他们会还我们一个惊喜呢？

课堂，真是戴着镣铐的舞蹈啊！

其实，真的不必这样，如此费神，越俎代庖，却出力不讨好。何必呢？

以后，许多时候，我宁愿“懒”一些，放手给他们，算了。

三、顺水推舟　巧妙入题

借班上课，许多老师都喜欢搞个课前谈话，以拉近师生距离，活跃课堂气氛。我当然也不例外，可这次出意外了。

这是我2000年在北京的一次公开课上。

“同学们，一位陌生的老师，站到你面前，你最想说什么？”我“移植”一位特级教师的谈话，显得颇为从容自信。

“欢迎”“鼓励”“交朋友”之类的回答我都应对自如，“兵来将挡，水来土掩”，看过特级教师的谈话记录，我心里有底。

哪知道，一位学生站起来向我“询问”，语气仿佛是试探性的，但我忽略了他眼神里的“挑衅”：“我有一句话，不知当讲不当讲？”

跟我掉文！我心想。不过只好接招，中国话里这句话后面一句必然是：“请当面讲！”

“老师，我觉得你——有些难看！”一语惊人，我一下子呆住了，台下的教师哄堂大笑！

我忽然有些羞臊，虽然一直并不在意外貌，但这么小的孩子当面……好在“大将军泰山崩于前而面不改色”，何况当时我已经是“身经百战”，早已是“厚脸皮”了。

“初次见面，就评价老师的外貌，不怕我生气？”我故意拉下脸来。

“您不会生气！”他倒很肯定。

“为什么？”我追问。

“因为……你挺幽默的，很亲切……而且你是优秀教师，来给我们上课，生什么气呀！”这小家伙，一张口，欲扬先抑，让人先苦后甜。

我顺水推舟：“气倒不会生。不过，你既出此言，必须要作深入解释，请问我难看在何处？谁能总结我的特点？”

这一下，学生全活了，不，全“火”了。场面一时热闹非凡。学生争相发言，笑声不断。

我这个人，本身其实就是一个资源，这是我的一位朋友的话。为什么？特点明显，让人一下子记住，难以忘记。

“看看，我的身材怎样？当模特行吗？”我向他们调侃。

“老师，你当模特——太矮！”

“对，本人身高一米六六，先天残废。”我故意叹了口气。

“老师，你胖。”

“对，这是我第二个特点，你真会发现。”我不失时机总结，顺便拍下他的“马屁”。

“还有什么特点？往这儿看！”我指了一下头顶。不好意思，不知什么原因，才二十八九岁，我的头上已经隐约有一些“铁丝网”的味道了。

“头发少！”同学们异口同声。

“同学们呀！你们知道吗？”我向他们倒起了“苦水”，“去年我接了一个班，第一天上课，同学们就用六个字总结了我的外貌特点，你们猜是什么？”

“什么？”他们睁大眼睛。

“胖而低，头发稀！”我一语既出，同学们笑倒一片。

“该收手了。”我想，“这个班学生敢说，敢于发表自己的见解，很好！”

我决定顺势引导他们:"同学们,初次见面的老师你们都敢评论,那我问你们,对课文中的人和事,你们敢不敢发表自己的看法、见解?"

"敢!"

"好!下面,我们学习《寓言二则》。"我顺便引入了正题。寓言中的人和事不正需要学生自己去评论和辩解吗?

遭遇尴尬,如对方重拳突来,得意的是我用"太极云手"一来二去,轻松化解,又适时切入正题。以后,便经常提"我长得如何"这个问题来做课前谈话,启发学生敢说敢评,效果颇好。

反思 又是遭遇一次"突然袭击",促使我课堂上"生成"了这次谈话。以后,我常常用它来导课,屡试不爽,效果奇佳,一下子拉近了师生间的距离,也很自然地引入上课的话题。

这个谈话使我想到了一个词——意料之外。

记得小时候看故事书,觉得很有趣,一捧起来就不放下,眼睛一刻也舍不得离开,长大后,这种感觉却很少有了。上世纪八十年代中期,十几岁,读传奇小说,废寝忘食,手不释卷。后读到梁羽生小说,真是荡气回肠,牵肠挂肚。再后来,一读金庸小说,前面全部索然无味了。为什么?细想想,是其他小说太平淡,意外太少吧!小时候读书,心中故事少,稍微曲折些,便觉得意外,因此感到生动。长大再读,许多故事一眼就可以看到底,看开头便知结局,自然就没有兴趣了。

课堂提问,教学设计,恐怕也大抵如此。

于是,我的课堂,便追求这种"意料之外"。课堂语言、问题设计、教学思路都力求不与别人雷同,能出人意料最好。初次见面,我要提问题,但问题却让学生猜,大概很少有人会想到我提"我长得怎样"这样的问题吧?语言出人意料(他们觉得一位教师不该提这样的问题),问题出人意料(当然又在情理之中),产生一石激起千层浪的效果,一下子激活了课堂,同学们一下子放松了。

当然,这个问题并不是什么噱头,而是在谈话中启发学生大胆评价,由眼前初次见面的教师及书中的人和事,衔接自然,水到渠成。另外,让学生评价自己,也体现了师生间的平等。幽默是润滑剂。轻松的氛围,成为一节好课的前奏。

所以,我追求"意料之外"。

四、"借力打力" 彰显主旨

小时读武侠小说,知道最高明的武功是"四两拨千斤",其实是借力打力,全在一个

“巧”劲。在课堂上，我也“借力打力”了一回。

这发生在《司马迁发愤写〈史记〉》的课堂上。

教过这课书的老师都知道，有一个难点，那就是司马迁遭受的刑罚——宫刑。讲还是不讲？虽然课文里隐晦地讲司马迁遭受了酷刑，但如果不讲清楚，孩子们会理解为一般的严刑拷打，怎么会理解司马迁后来的“血溅墙头”？怎么理解司马迁能面对屈辱和嘲笑？又怎么能理解司马迁为《史记》而做的生死抉择呢？

于是，在课堂上，我并未避开这一话题，反而在这个别人都避开的话题处单刀直入。

“酷刑？司马迁到底受了什么样的刑罚？”我问。

我知道，有人会回答的，因为事先布置他们查过资料，而这种资料并不难查到。

“宫刑。”一个学生回答。

“腐刑。”又一个学生补充。

“对，宫刑又叫腐刑。这是一种怎样的刑罚？”我故意刨根问底。

“宫刑……就是阉割了他……像太监一样，让他做不了男人！”一个男生羞涩地回答。好家伙，他的言语还算含蓄，准确到位。

可同学们一下子笑翻了，全班笑得不成样子。男生有的拍桌子，有的甚至往桌下钻，有的脸上是一种难以表述的笑。女生呢，则羞涩地偷偷地笑。全班乱成一团。

没想到，笑场了。我一下怔住了。本来，我预想到他们会笑，但哪里知道他们会笑得这么大胆，这么无所顾忌？六年级的孩子什么都懂了，我太低估了他们。我的脸一下子红了。

笑……笑……还是笑……

“笑什么笑！”我突然大声吼道，似乎发怒了！同学们一下子静了下来。后面听课的老师也被我吓了一跳，吃惊地看着我——怎么收场。

我马上换了一副笑脸，摸着一个男生的头，轻声说：“说说看，你笑什么？”

他好像一下子回过神来，怔了一下，见我真的是问他，才站了起来。

“司马迁他被阉割了……这件事情……有些好笑。”他吞吞吐吐。

“你们觉得他被阉割了，就不是男人了，是吗？”我几乎一字一顿。

许多同学陆续点了点头。

“是啊！失去了做人的尊严，这简直是奇耻大辱！同学们，你们在笑！几千年过去了，你们今天还在笑他！”我终于找到了切入口，有一种一泻千里的兴奋，“你们有没有想过，当时的司马迁，他面临着怎样的情况，怎样的嘲笑？”

话题，似乎从课堂上一下子穿越时空又回到了两千多年前司马迁的年代。学生的思绪也定格在司马迁受辱后的现场。

学生沉默良久，他们终于打开了话匣子。

“老师，司马迁面对的是世人的鄙视，因为他是一个残缺的人，失去了做男人的尊严。在几千年前，那是最丢脸的事。”

“老师，那时被阉割的人是不能称为人的，别人看他连牲畜都不如。”一位学生补充。

“是啊，失去人的尊严，牲畜不如，这样做人还有什么意思！”我及时抒发感慨。

“老师，司马迁不仅自己受人嘲笑，而且使他的整个家族也让人看不起……”

“是啊，家族蒙羞，他如何去见自己地下的先人！”我的话语充满悲愤，“这时他唯一想到的只有一个字，那是什么？”

“死！”同学们齐声回答。

“死——何其容易！三尺白绫，一柄短剑，就可以了此残生。但司马迁为什么要选择活下去呢？请同学们再认真读课文，为他的活找出充分的理由。”

我又顺势一招妙手，引入对下一个问题的讨论，学生开始了更深入的读书思考。

反思　上这堂课时，正好海南的几位老师来听我的课，下课后，他们对这个细节赞不绝口：“真是绝处逢生，峰回路转！”“巧妙利用课堂资源！”“四两拨千斤，方法巧妙！”我听后颇为得意。

说实话，对学生的笑，我是有准备的，但如此程度却让我措手不及。课堂上已经乱了，一团糟，很有控制不住的发展趋势。当时，我忽然想起一个在《演讲与口才》中看过的故事：一名工人持刀劫持人质讨要薪水，众人劝解不下，一名警察发现其手抖得厉害，毅然上前。

劫持者：别过来，再过来，我就砍死他！

警察：（忽然）砍？砍呀！不砍你是孬种！

劫持者：（一怔）你……别逼我！

警察：（故意装无所谓）砍吧！砍完了，你的工钱就到手了！你母亲治病的钱就有了！你的孩子就有钱上学了！

劫持者：（手抖得更厉害）我……我……

警察：（放松语气）其实何必呢？你想想——值得吗？

……

劫持者最终弃刀，放了人质。

当头棒喝，以进为退，实在绝妙！

五、抛砖引玉　深化理解

这是一节令人荡气回肠的课，每次讲起这节课我都会异常兴奋，全身心投入，讲完后都有一种酣畅淋漓的感觉。

这就是《林冲棒打洪教头》。

金圣叹评《水浒》——林冲的性格只有两个字：忍和狠。幼时读《水浒》，并不太喜欢林冲，总觉得他太窝囊，不如武松、鲁智深那样快意恩仇。长大再读，当然另有一番感受，我通读《水浒》中的林冲故事，有了重要发现：把林冲的性格放在他一生的大背景下看，他遇事总是先忍，后狠。高衙内调戏妻子，忍；高太尉设计陷害，忍；野猪林遇险，忍；只有在仇人火烧草料场，欲置他于死地时，才忍无可忍，果断出手，手刃仇敌。上梁山，王伦一再刁难，他总一个字——忍，一忍再忍，最后才火拼王伦。而文中与洪教头交手的经历，也可看作他一生性格的缩影——先一忍再忍，再果断出手。有了这以上的理解，我觉得对林冲的人物性格把握还是到位的。可是有一次公开教学，竟在对洪教头的理解上出了岔子。

课堂上，和学生一起美美地读了课文之后，我又记起了自己惯用的法宝——对话，让学生直面书中的人和事，来发表自己的见解。

“对林冲，对洪教头，对书中的人和事，你有什么要说的？”我似乎成竹在胸。

对林冲的看法，学生主要就他的“忍”来发表见解，争执点在“遇事该不该忍”“这样忍到底好不好”，这一切在我意料之中。我引导他们认识林冲的处境，从林冲的角度去看问题。他们终于弄明白：林冲的忍不是一味退让，而是不愿因一言动怒，因为他有涵养有武德；不愿在柴进庄上与洪教头动手，是顾全朋友面子，说明他知分寸；戴罪之身，不愿与人动手，说明他有头脑。这样，就加深了对林冲这个人物性格的理解。

我看看差不多了，及时调整方向：“谁来谈谈洪教头呢？”

“我觉得洪教头很浮躁，他明明武艺不如林冲，却一逼再逼，最后自讨苦头。”

“我认为洪教头很骄傲，没有真才实学，还故意逞能。”

……

这些回答都在我设计的圈内。课堂似乎可以平稳地推进了。

突然，学生中冒出一句：“我倒认为洪教头没什么不对！”是一位胖胖的男同学。

我先是一愣，继而一喜：有不同见解了！且看我施展手段。

“谈谈你的高见。”我很真诚。

“我认为洪教头向高手挑战，也没有什么不可以，这样武艺才能有进步嘛！”他说得振振有词。

“嗯……似乎有些道理。不过……”我故意拉长了腔调，不置可否，转向大家，“你们有什么看法？”

这下，球又踢给了同学，他们可有话说喽！

“不对，教头哪里是切磋，他分明是要让林冲难堪，居心不良！”

“切磋武艺哪能这样狂妄，他简直目中无人！”

“他不知天高地厚！”

……

乱棒之下，这位胖男生愣在那里，无从招架了。

我呢？当然——“见死不救”。

过了一会儿，觉得差不多了，我才来帮他收拾残局：“好，停下来，停下来！你们先说——如果洪教头真的是向林冲讨教，要切磋武艺，这对不对？”

“对！”同学们回答。

“但他错在哪儿？”我岂能一股脑儿把我的高见抛出，还是先看他们雄辩一番。

这下，学生讨论有了方向，总结出洪教头几条错处：1. 用心不好，非善良之辈；2. 狂妄自大，无自知之明；3. 对人无礼，不讲武德。

看来学生的理解有了一定深入，我顺势又往下引：“拿洪教头和柴进比，你们有什么看法？”

学生一时无语，没弄明白什么意思。

“林冲以前是什么人？”我作进一步引导。

“八十万禁军教头。”

“现在呢？”

“犯人。”

“但他在柴进眼里一直是什么？”

“英雄。”

“对，柴进敬重他什么？”

“武艺。”

“人品。”

“那么洪教头呢？他把林冲看做什么？”话锋一转。

"犯人。"

"骗子。"

"他看重林冲的什么?"

"身份。"

"地位。"

我突发灵感,一矢中的:"今天,如果不是作为囚犯的林冲来到柴进庄上,而是八十万禁军教头的他,你猜猜洪教头会作何姿态?"

"巴结还来不及呢!"

"肯定会阿谀奉承!"

……

至此,洪教头的小人面目昭然若揭。

反思 这个案例中,教师首先抛出一块砖——"谁来谈谈洪教头呢?"这是一个开放的问题,自由度大,应该允许学生知无不言。课前预设学生建立在对文中人物的认识上,应该基本上会把洪教头定为"反面典型"的。

哪知道,变起仓促,引出一块玉来:"我认为洪教头向高手挑战挑战,也没什么不可以……"因此引发了学生之间的激烈讨论。剑拔弩张,不可开交之际,教师又抛出第二块砖——"拿洪教头和柴进比,你们以为如何?"

学生通过对比、讨论,看清了洪教头的本来面目。

整个过程,层层深入,一气呵成。

六、顺手拈来 提升认识

这是一节《寓言故事》之《自相矛盾》的课堂结尾。

大家已经对那个卖矛的人进行了"深入地批判",并伸出友谊之手,对他"热情地帮助"(即练习纠正卖矛人的说法,使他的话不自相矛盾,名曰"帮他卖矛卖盾")。

我想让他们的认识从书中跳出来。

"今天我们的生活中有没有自相矛盾的事情呢?"教师要善于引导学生思维走向深入,我偏爱此招,哪料想,跨越太大,学生一时沉默了。

好在,这些年,我老练多了,忽然想起近日办公室里发生的一件事,便娓娓道来:"我的办公室——教导处,有一台饮水机。其他三位主任,他们经常喝热水,只有我爱喝凉水。有一天,朱主任问我,'你怎么不喝热水呀?'我说,'我从来不喝热水。'可这几天,我感冒了，就偷偷地喝了几杯热水，你们说，如果这时候朱主任进来，她会怎么说？”

“你真是自相矛盾！”学生齐声回答。

“我的话里哪个词用得不好？”要让他们知道错在哪儿。

“‘从来’！”

“对了，从来不喝——太绝对了。同学们，我不会说话，谁来帮帮我，这话应该怎样说？”一竿子不到底，我绝不罢休。

“你应该说，我一般不喝热水，感冒了才喝！”

“你可以说，我平时不喝热水，但有时候喝！”

……

“这样讲真好！谢谢！说说你们生活中这样的事件吧！”

学生的讨论空前地热烈、深入。

反思 “对话”是新课程背景下常用的词语，我常常引导学生直面语言，直言书中的人和事来进行对话。然而，钻入文中，易；跳出文外，难。将书中认识再引向生活，学生总有些一下子转不过弯来。于是，教师例举颇为重要。例从何来？我建议举身边熟悉的例子。

这个案例中，便是举学校发生的人和事（当时在我校上课，朱主任亦是学生熟悉的教师，此时正在后面听课）。于是学生便油然而生一种亲近感。由此激发他们去发现身边的人和事，让他们感觉到书中的人、书中的事、书中的理其实就在身边，一切就容易多了。教师要善于观察生活中的事件，然后和教材有意识地相联系，课堂上“顺手拈来”，会起到打开僵局的效果。

教孩子有发现的眼睛，教师首先要有颗敏感的心。

把语文教到学生手上

一个电话的启发

一次，给我的师父张赛琴老师（著名特级教师）打电话，谈到了她刊登在《语文建设》的一篇文章《把语文教到学生心里》。师父突然说了一句：“是的，要把语文教到学生心里，但更要教到学生手上！”

我心里一震：是啊！我们多少次发现，搞外出活动，学生那么投入，那么开心，甚至好长一段时间都沉浸在兴奋之中，然而，拿起笔来，却不知从何写起，只好三言两语，草草了事；多少次课堂上，孩子那么动情，那么踊跃，然而，站起来却语不成句，词不达意，真是“心有所悟口不能言”。这是为什么？

放下电话，我默默思忖了很久。

一节赛课的顿悟

没多久，我的徒弟——我校青年教师钱煜华参加镇江市“新秀杯”赛课，抽中的题目是《最佳路径》(苏教版小学语文四下)。比赛的方式是头天抽课，第二天上课。时间很紧，拿到题目，我们俩，还有我另外两个徒弟，就凑在一起埋头研究起来。

课文内容很简单：世界建筑大师格罗培斯设计的迪斯尼乐园就要对外开放了，可他却为最微不足道的路径设计伤透了脑筋，经过多次修改，仍不满意。接到催促电报，他非常焦躁，就到地中海海滨去整理思绪。然而，一位无力照顾葡萄园的老太太的做法使他受到启发。老太太的做法是让顾客自己摘葡萄，自己放钱。给人自由，任其选择！格罗培斯恍然大悟，于是在乐园种草，提前开放。半年后，游客踩出的道路有宽有窄，优雅自然。格罗培斯就按这些踩出的小道铺设了道路。1971 年，迪斯尼乐园的路径设计被评为世界最佳设计。

这是苏教版的一篇老课文，许多名师都上过。于是，经过几个回合的讨论，我们制订了初步的教学方案。具体的设计已经不记得了，无非是什么紧扣词句，以读为主，前后呼应之类的，好像很严密，很充实，很紧凑，其实是理不清头绪，纠结于细节，亦步亦趋，毫无新意。当然，和许多设计一样，步骤繁多，环环相扣。看着钱煜华痛苦的表情，我都心疼：是啊，这么多环节，记得住吗？有必要吗？这就是语文课吗？

我总觉得什么地方不对，但哪里不对，却说不清楚。

好像陷入了僵局。

匆匆扒了几口晚饭，时间已经不早了。独自回到办公室，我又陷入了沉思。我是一贯主张走进文本的。课有三种境界：第一层次人在课外，第二层次人在课中，第三层次人课合一。好像是王崧舟老师讲过的，我非常赞同。那么，怎么让学生走进文本呢？我忽然想到，走进文本最好的方法，就是让每个学生都当自己是格罗培斯，体验主人公的情感心境。这时，“把语文教到学生心里”——师父的话一下子闪过我的脑海！

我急促地拿起课文看起来，三下两下圈圈画画——成了！

再把几个徒弟叫到办公室，我信心满满："要让每个学生都走进课文——做一回建筑大师！我们的设计主线是体会格罗培斯的心路历程，三个训练点是格罗培斯的焦躁、启发和感言！一上课，你就出示迪斯尼乐园的图片，带学生进入情境，告诉他们，每个人都是文中伟大的设计师格罗培斯，让他们做自我介绍……"

我自顾自地陶醉着，他们眼睛都不眨地看着我，等待下文。

"然后呢？"一个徒弟问。

"然后……然后……"我挠挠头，突然灵光一闪，"然后让学生读啊，伤透脑筋、50 多次修改、烦人的电报……学生可以拿起笔写一下，就写格罗培斯的焦躁！抒发主人公的情感！"

好像一下子有了豁然开朗的感觉。

"那么，下面就让他们写格罗培斯的启发？"一个徒弟也受到了启发。

"Yes!"

"主角"钱煜华也一下子顿悟："最后写获奖感言？"

"对！"

办公室一下子沸腾起来。

"这不是让学生走一遍格罗培斯的心路历程吗？好极了！"

"选了三个点，让学生练到手上！既体会了情感，又练习了表达，水乳交融！"

……

"最关键的是，我不用再记住那么多复杂的环节了，我可以安心睡觉喽！"钱煜华如释重负。

第二天，参赛结果，钱煜华获得一等奖。

不久，镇江市教研员丁东全老师到我校指导工作，专门谈起了这节课。我告诉他，是我的"杰作"。说这话时，不无得意。

语文课是不是一定要面面俱到？白话文是不是真的那么复杂？我好像一下子顿悟：语文教学一定遵循两条：第一，让课堂简单起来；第二，让学生"心里悟出来，手上练起来"。抓住训练点，提领而顿，百毛皆顺。

一处标点的推敲

2009 年，郑州，"全国语文高峰论坛"活动。

台上，蒋军晶老师正在上课，他执教《趵突泉》一课。

……………………………………………………………………

课堂渐入高潮，学生正在大声朗读描写大泉的精彩片段：

泉池中央偏西，有三个大泉眼，水从泉眼里往上涌，冒出水面半米来高，像煮沸了似的，不断地翻滚。三个水柱都有井口大，没昼没夜地冒，冒，冒，永远那么晶莹，那么活泼，好像永远不知疲倦。要是冬天来玩就更好了，池面腾起一片又白又轻的热气，在深绿色的水藻上飘荡着，会把你引进一种神秘的境界。

这一段很经典，老师们都愿意在此处下力气，让学生读好，悟好，甚至当堂背会。当然，通常采取最多的方法是朗读，加上想象。

"学伟，对这一段的教学，你有什么想法？"坐在我旁边听课的师父（张赛琴老师）忽然问我。

"我……好像也没什么想法。"我还真没想出什么好招儿。

"我是问你，假如你来教，这个'冒，冒，冒'怎么教？"师父语气温和，但不依不饶。

"我……要不您提个醒？"只好耍赖了。

"你看，假如换换标点，怎么样？"

"换标点？"我眼前一亮，赶紧把目光收回到课本上，不，是聚焦在"冒，冒，冒"这处细节上。或者更确切地说，是紧盯在那两个逗号上。那，仿佛是打开这一段教学灵感大门的金钥匙。

对了，聪明的同行，你一定猜到了，我在想，假如我是学生，换标点，我会把逗号换成什么呢？

听完课，赶紧到师父的房间讨论。

"我觉得学生首先会换成感叹号！"我迫不及待地说出自己的想法。

"还会换什么呢？"师父在启发我，等待我"花开的声音"。

"还会换成省略号吧？"我不敢肯定。

"对！"师父的声音突然提高，好像有些兴奋，"那么，感叹号、省略号、逗号各有什么不同，你想过没有？"

于是，我又陷入沉思，脑海中开始"翻江倒海"。我在寻找，那一根能牵动我思维的藤。忽然想到了支玉恒老师的经典课例《草原》。

在教学第一段"草原美景"时，支老师抓住作者的感受——初入草原，想"高歌一曲"；深入草原，想"低吟一首"——让学生朗读、揣摩、感悟、品味。课堂的精彩自不必说，那浓浓的韵味也久久不绝。

是啊，老舍先生初入草原，他说"那里的天比别处的更可爱，空气是那么清鲜，天空是那么明朗,使我总想高歌一曲,表示我满心的愉快。"这是为什么?为什么要"高歌一曲"?是因为老舍先生受到了震撼啊!广阔的草原,一碧千里的原野,让在北京胡同小院长大的老舍先生怎能不激动万分?怎能不"高歌一曲"?此时,如果让他选择一个标点符号来表达自己的情感,他一定会选感叹号!

然而,当老舍先生久久地站在草原,久久地品味草原,他又说"这种境界,既使人惊叹,又叫人舒服,既愿久立四望,又想坐下低吟一首奇丽的小诗。"为什么这时却要"低吟一首"?因为他已经完全陶醉了,草原的美景让他只想轻轻地吟诵"天苍苍,野茫茫,风吹草低见牛羊"。而此时,再让他选择标点符号,他一定会选择省略号!

人同此心,心同此理。其实,我们每个人看到令人震撼的美景,是不是都是这样的情感波折——先是惊叹(感叹号),然后陶醉(省略号)?

而《趵突泉》正好也是老舍先生的作品!看到"没昼没夜地冒,冒,冒""永远不知疲倦"的大泉,可以想象,他一定又走了一遍和看到草原时一样的心路历程,那就是——惊叹,陶醉!

感叹号和省略号正好打开了想象,我们可以借此让学生还原作者看趵突泉的情感变化过程!

茅塞顿开!我赶紧把这些收获向师父汇报。

"就是这样!课文中为什么是逗号呢?因为趵突泉冒水日夜不停长年不息,是一种常态,也表示作者从沉醉中走出,心情归于平静。对吗?"师父做了总结。

"妙!这样,一个小小的换标点,让学生走一遍作者看泉的情感变化过程,牵一发动全身,太棒了!"我不禁欢呼。

虽然不能马上走上课堂,但我已经摩拳擦掌,跃跃欲试,相信这一处细节的揣摩,学生的生成一定非常精彩,无论说还是写。因为想象的闸门已经打开,情感的泉流已经涌动,情动而辞发,想不精彩都不行!

暗自欢喜——我又学了一招。一处小小的标点,引爆课堂!

一首古诗的揣想

上过很多公开课,从来没有上过古诗,不是没有,是不敢。

这一次,我决定挑战一下自己。我选上的是《游园不值》。有人说,窦桂梅老师上过的,那么经典,你还上?我说,我跟窦大姐的不同,我走另一条路。

嘴上说的硬,心里直打鼓。

开场了，我先让学生读诗。

当然，读得正确通顺，但只是四平八稳。这在我的意料之中。

于是，我开始提出要求："看看自学资料吧，想想诗句意思吧，每一句的读法都不一样啊！要用心地揣摩！"我特意强调最后两个字。

静静地沉思了片刻，开始有学生试着读了。慢慢的人越来越多，声音越来越响，有的同学还摇头晃脑起来。

"谁来读？"我问。

"我来！但是我想一边读一边表演！"一个男孩子自告奋勇。

他站到了讲台上，要读的是第一句"应怜屐齿印苍苔"。只见他一边抑扬顿挫略带夸张地读，一边高抬腿轻落脚地走路，好像生怕踩到什么。

"你这是干什么？"

"爱花啊！我怕自己的鞋子踩伤了小草。"

这个聪明的孩子！我从心里赞叹。

课堂仿佛一下子被点燃了。孩子们纷纷要求"表演读"。这些"小鬼"，一旦疯起来，精彩纷呈自不必说，会有多少意想不到的"火花"啊。

静静的，静静的，全体同学都屏住呼吸。一位"叶绍翁"站在"柴扉"（黑板）前，他轻轻地"叩门"——一声，两声……他时而低头看看脚下的"小草"，时而摸摸自己的心口，时而再轻轻地敲几下"柴扉"。显得那么焦急，又那么耐心……这是"小扣柴扉久不开"。

转身，准备离开。最后一次回头，"叶绍翁"的脸上忽然显出诧异、惊喜的表情：瞬间变化的眉眼，张大的嘴巴……原来他发现墙头伸出了"一枝红杏"！——"春色满园关不住，一枝红杏出墙来！"

……

欢笑声，掌声，争论声……同学们沉浸在这个人与花"相遇"的故事里。

热闹过后，我忽然问："大家都在表演诗人叶绍翁，那么院子的主人呢？他在哪里？他会想什么？"这是本诗的一个空白，因为主人是谁和他是不是在家都无从得知，只能想象。当然，学生的争论也不会有结果，但是却使他们的目光开始关注诗中另一个隐藏的人物——园子主人。不少同学认为，园子主人就在家里，但不愿开门。为什么？"应怜屐齿印苍苔"呗！也许是别的人曾经进入过园子，但摘花踏草，折枝损叶，也许引起了主人的不满，所以听到敲门声，拒绝开门……

想象的闸门一旦打开，就是洞开了一个新的天地。

我适时地“勾引”他们继续深入：“其实，作品中的‘人物’有时不一定非是人，也可以是物，但它们好像有人的生命……这首诗中还有其他‘人物’吗？”

“有！杏花！”

“小草！”

“柴扉！”

……

一花一草都成了孩子们眼中有生命力的“人物”。

请看一段学生现场完成的想象习作片段：

小草(1)：杏花妹妹，这里有一位爱花的读书人，他想到你的园子里去看看春天……

杏花：你怎么知道他是爱花的人呢？前几天来了几个，也说是读书人，折了我们很多枝呢！现在，不管谁来，主人都不开门呢！

小草(2)：他……真的是爱花的人呀！他高高地抬脚，轻轻地落下，连我们都不伤害，怎么会不爱花呢？

小草(3)：还有，他还是个有修养有耐心的人呢！你看他轻轻地敲门，那么长时间还在等，不是很诚心，很耐心吗？

……

杏花：好吧！大家说了这么多！我也很想见见他！

【一枝杏花从墙头伸出，四下张望。】

多么美的想象，多么敏锐的感受！读着这样的文字，我的心渐渐软化。我似乎听到两个声音：一个叫“爱”，另一个叫“懂得爱”。这两个东西正在他们心里生根，发芽。

我仿佛看到孩子们在拔节，在生长。

我的不可思议的孩子们！

一段久久的思考

把语文教到学生手上，我们且行且思。

当然，这里的“手上”，不仅仅是会写，还要会说，会演，总之，会表达。我们不要“茶壶里煮饺子”的闷葫芦，我们要的是会读书，会理解，会表达，会运用的聪明的孩子！

而这些，需要我们用心地，在一节节的课堂上去把每一块“璞玉”雕琢。

愚钝的我有几点感悟，与大家分享：

——找到课文的训练点。

学生的语文能力，阅读习作的方法，最根本的途径是习得。只有悟到，练到，才能得到。所以，亲爱的同行，请腾出时间，让孩子练起来；

——找到课堂的引爆点。

教学设计往往有许多点，但必须进行筛选，有舍才有得。教学上讲究“攻其全身不如断其一指”，集中火力，效果更佳。抓住牵一发动全身的引爆点，唤醒的是情感，激起的是碰撞，引爆的是思维；

——找到学生的生长点。

一个孩子，不论他将来是花，是树，还是草，现在他需要的肯定不仅仅是水分，正如我们的课堂不仅仅只有知识，理解、关爱、互助、报答……这些将伴随他走过漫长人生的能力都是今天的营养。而我们，要做的是找到一个能让他生长的点，让它延展，让它蔓延……语文是我们凭借的方法，手中的武器。

扯远了。

把语文教到学生手上——长长的路，让我们共同探索。

名家评语

成功与执著相伴

全国小语会副理事长　胡富强

张学伟老师是一名年轻的特级教师。十年来，我看到了他一步步成长的足迹。在我的眼里，他是一个勤奋、热情、聪明、幽默的年轻人。初识张学伟老师，是在1996年河南省首届优质课评比大会上，那次评比会聚了来自全省各地的教坛新秀。4月25日上午，开封师专礼堂，座无虚席。张学伟上第二节课，执教《千里跃进大别山》。这已是大会的尾声，也是唯一由男教师执教的课。与其他老师不同的是，课堂上，张老师不仅激情四射，而且幽默风趣，尤其是朗读的指导更是独具匠心。至今还记得这样一个细节：

生（读）：河水有一丈多深，人马蹚不过去。

师：停。河水有多深呢？

生：（随口念）一丈多深。

师：你读得有多深呢？

生：（不解地）一丈多深呀！

师：（用手比在胸前）我觉得才到这儿！

生：（顿时领悟，充满激情地加重语气）河水有一丈多深……

短短的40分钟内，老师声情并茂的朗读指导和学生精彩认真的读讲，多次被听课老师们热烈的掌声打断。

会后，我了解到，张学伟年仅24岁，在一所偏僻的农村小学任教。

之后的一年，我常常关注他的成长。每次见到洛阳市教研室的刘津萍老师，我都会问起张学伟的情况。当得知他仍在原来的学校，条件虽然艰苦，但始终热爱语文教学，并坚持边"教"边"研"时，我感到很宽慰，同时深深地为他高兴。

一年过去了，1997年4月，在信阳的一次会议上，我又见到了他。胖了些，头发也稀疏了些。一个晚上，刘津萍老师带他来到我的房间。交谈时间不长，大约有20分钟吧！他很兴奋，向我提出了几个教学中他感到困惑的问题，我和他一起进行了探讨。最后，我针对他上次的课，对他提出了两点建议：课堂要"活"更要"实"；要做到挥洒自如，但语言更要规范。他点点头，欣然接受了。

没想到，机遇马上降临了。这一年的10月，他走上了全国比赛的讲台，代表河南省参加全国第二届青年教师教学观摩活动。那一时期，我正好有事缠身，便没有去参加这次活动。但定下张学伟去参赛后，我也时时关注着他的备课、试教等。会议期间，我在郑州，既暗暗地为他加油，希望他能有出色的发挥，同时，也替他担心，为他捏着一把汗。

过了几天，喜讯传来，他果然不负众望，荣获了一等奖！要知道，在所有参赛教师中，他是唯一的农村教师，年纪又最小！得到喜讯的一刹那，我想他一定付出了许多，当然，也会收获更多……

之后的几年，又常听说他应邀到外省做示范教学，久经历练，羽翼渐丰……

2004年，在"豫港小学语文名师观摩活动"大会上，我又见到了张学伟老师。这次他带来的是《激光》。课堂更开放了，语言实践更扎实了。顺势而引，顺学而导，使枯燥的说明文教学显得轻松生动。我感到他已经形成了自己的教学风格，他的教学思想对当前的教改研究极具启发性。于是我欣喜之余，很愿意把他的教学方法推荐给老师们：

重视读书——他的教学中，"读"始终是课堂的主旋律。学习一篇课文，学生往往通过自读、自学完成，教师疏通点拨。课上书声琅琅，学生情绪饱满。语文教学，如此读中生趣！

重视学生——"授之以鱼，莫如授人以渔。"他的课堂，总是极力把学生推上主体地位，把课堂的主动权完全交给学生。而教师则在激情地赞扬，巧妙地反诘，教学无痕，在不知不觉中渗透学法。语文教学,以不为而为之!

重视效率——他的课堂,极度珍惜时间,所用课时一般少于参考书上的规定。课上,目标明确,学得轻松愉快;省下时间,进行读写训练。语文课堂,统筹出高效!

"有志者,事竟成。"伴随成功的往往是执著,这或许就是张学伟老师给我们的启示吧!

尊重学生的独特感受　创造性地解读课文

——张学伟《番茄太阳》教学实录评析

南京师范大学文学院　魏南江

春天,我应一个大型教师培训会的邀请,点评6位教师的公开课,其中就有张学伟的《番茄太阳》。课下的张学伟胖胖的,戴副眼镜,憨憨厚厚的;想不到一站在讲台上,整个人紧紧凑凑、精精神神地充满了生机和智慧。

这种生机和智慧集中地体现在他对课文的把握上:既不脱离文本又创造性地解读了文本;既尊重学生的独特阅读感受又表现了教师的才华机趣。

上课伊始的提问就直奔学生的"第一感觉",也即"审美直觉":"你们读了这篇课文,有什么感受?"学生纷纷给出了不同的感受:"感动""心酸""同情""高兴"。同一个文本,在不同的学生那儿,竟有截然不同的感受,但这又是真实的。珍惜学生这种个性化的"直觉体验"十分宝贵。因为从理论上说,审美心理过程包括认识过程、情感过程和意志过程。"审美直觉"是这一整个心理过程的开端,又是解读文本内容乃至形式的基础,同时它还沉淀、渗透于后继的各种心理内容和形式里。这种审美直觉产生的时候,学生已在不知不觉中调动和参照了以往的生活积累、心理积淀和感觉经验,并从局部感觉迅速把握了整体。可见,"直觉体验"是学生灵感火花闪烁的大好时光。

在进入本课核心内容的时候,张学伟老师决心把新课标提倡的"珍视学生独特感受和理解"的"个性化阅读"进行到底。张老师不满足教参给出的教材说明:"本课以'我'的见闻为主线,按时间发展的顺序叙述盲童明明的言行举止,描绘她的音容笑貌,同时抒发了自己的内心感受",更不按"盲童明明是这篇课文主人公"而出牌,而是从学生理解的实际出发,另辟蹊径,以一幅"牡丹图"为礼物,引导学生读书思考:"我准备把这幅画送给书中的一个人物,你们觉得我会送给谁?"说真的,我非常欣赏张老师的这一设计,他处处以学生发展为本，但处处又体现了教师对课文、对课堂掌控的主动权。课堂是学生、教师共同成长的舞台，舍弃任何一方都不能算是成功的教学。再说，小学生是一棵幼苗，还需教师时时施肥浇水，因而教师的作用绝对不能少。有思想的老师才能培养有思想的学生，有创造性的老师才能培养有创造性的学生，否则，一切皆是“天方夜谭”。张老师就是这样有创造性的老师，在他的导引下，激发出了学生空前的解读文本的热情。他们用自己的心去感受文中人物的“心”，用自己的情去理解文中人物的“情”，用自己的爱去触摸文中人物的“爱”。在他们的眼里，课文中的“明明”“爸爸”“妈妈”“阿姨”“医生”“捐眼膜的好心人”都是主人公，都是“心中有爱的好人”。这样的答案在意料之外，又在情理之中；这样的答案唱出了人间的“大爱”之歌；这样的答案深得新课标之精髓：“提倡多角度的、有创意的阅读”，“让学生在主动积极的思维和情感中，加深理解和体验，有所感悟和思考，受到情感熏陶，获得思想启迪”。

确实，文本是一个多层面的未完成的图式结构，有着许多空白点和不确定性，等待着我们读者用自己的感觉和经验填充文本的这些空白点。文本的解读是多元而不是单一的，这也是课改前后阅读教学的最本质区别。但鉴于教学实践的一些误区，很多老师把文本无限制、无节制地开放，构成了许多超文本阅读模式的泛滥（这在我的《阅读教学不要太多情》《对双基教学误读的愕然》文章中都有阐述，在此不论）。然而在张学伟老师的课堂上，文本既放得开也收得拢，因为“学生、教师解读的创造性和文本的规定性是辩证统一的，解读创造性的翅膀是不可以任意飞越文本所不能及的地界的”。《番茄太阳》学习过程中，学生的解读始终是以“爱”为“地界的”，没有“放羊”也没有“放牛”，而是在放风筝，风筝飞上蓝天，可那根线还攥在老师手里呢。

然而，张老师的创造性解读又没有脱离文本。他始终让学生把心放进书本，调动学生的想象力，充分体悟作者的精妙词语，认真体验人物的动作表情，切实感悟人物的情感变化。例如，师生在学习“爸爸教明明摸番茄想太阳”时，老师先启发学生“爸爸出现了两次，每次都在做同一件事情”，那就是让明明认识生活。继而，让学生具体体察爸爸教明明摸碗、筷子、桌子的情形，如切如磋中，咀嚼“来回抚摸”的意思，领会父爱的深意。并由此指导学生有感情地朗读“爸爸”与“明明”的对话，学生都不由自主地读出了“爸爸”轻而慢的语调，同时也懂得了明明快乐、单纯、善良的源泉来自何方。在这儿，张老师没有任何的说教，有的只是细腻的引领，让学生自己去“读”和“悟”。像这样的精彩片段课堂上俯拾皆是，谅不一一道来。

无疑，张学伟的《番茄太阳》是一堂很有嚼头的好课。

这节课结束不久，张学伟从河南洛阳调入了江苏丹阳。愿洛阳牡丹的大气和江苏梅花的品位熏染出一个更加优秀的张学伟。

个人主张

读——阅读教学的突破口

阅读教学是小学语文教学的基本环节，而朗读则是阅读教学中最经常最重要的训练。围绕着课程标准要求："在阅读教学中，教师要善于引导学生读懂课文""着眼于培养学生的自学能力，使学生在阅读实践中学习独立思考，学习怎样读书"，近几年，我在"读"上做了一些探索和研究。

在教学中，我主张"熟读、精思"，提倡实实在在地读。让学生在读中理解，在读中思考，在读中悟法，在读中学写。为了避免机械地、重复地读，要体现读的层次，一读一思，一思一得；为了避免"让学生在阅读中走一个来回"，要引导学生一点点把课文读懂读深。这么说吧，读是一条主线，也是一种基本的训练方式，在读的过程中，力求使其他各项训练融入其中，得以落实。

我在教学中的"读"，体现在三个方面：以读引思，读中悟情，读中学法。

一、以读引思

"以读引思"要求教师要善问，以问促读，层层深入。教师的提问从文章的中心、选材、结构等出发，要能一矢中的，牵一发而动全身。既调动学生的积极性、主动性，又指引学生思维的方向，使他们一步步学会怎样读书。

以教学《林海》第2自然段为例。围绕着大兴安岭"柔"的特点，我抓住重点语句设计了启发性的问题。初读课文后，我抓住"横着的，顺着的，高点儿的，矮点儿的，长点儿的，短点儿的"一句，追问学生"从中能明白什么"。学生通过研读，知道这些词语写出了岭的千姿百态，数量众多。这时，我及时点拨，要求学生读出岭的“多”来。课堂上，师生反复试读，讨论，借助声音高低长短的变化来体现岭的多彩多姿。理解“多”，读出“多”，这是读的第一个层次。随后，我抓住这句话，再次追问学生“从中还能明白什么”，将学生的理解进一步深入，这下子学生的思维异常活跃，众说纷纭，可是却求之不能。此时，我适时地出示幻灯片，让学生将“高点儿的，矮点儿的”和“高的，矮的”作以对比，从中明白词语中的“点儿”说明岭与岭之间的差别不大，线条柔美，显得“温柔”。教师指导学生读好“点儿”，读出岭的“柔”。就这样，一句话学生反复朗读、揣摩、体味，深入理解了文章的内涵。从朗读时舒缓、抒情的语调中，学生仿佛看到了温柔多姿的兴安岭，感受到林海的意境美。

在教学《林海》第4自然段时，我也是这样来引导学生一步步读懂课文的。这一段主要写“林”似“海”，浩瀚无边。首先，在学生读了课文之后，我提了一个问题：“静止不动的白桦的树干为什么会像泛着的浪花呢？”这个问题于无疑处生疑，一石激起千层浪，学生的思维一下子被打开了。稍许，学生抓住“树干是银白色的”等词句有了理解：白桦的树干是白色的，看上去像浪花。这只是最初步的理解。我顺势引导：仅仅是白色的东西就像浪花吗？我指一个学生的白衣服，问：“这像浪花吗？”学生答不像。我又指白色的投影屏幕，问：“这像浪花吗？”学生答不像。于是，我让学生再读句子，看看有什么新的发现。学生抓住“大片青松的边沿”“闪动”等词语，又有新的理解：白桦树是在大片青松边沿，在阳光下，树干银光闪闪，青松为衬，才像海边上涌动的浪花。一个“泛”字把林海写活了！至此，学生一点点地读懂了文章，认识也一步步加深。但此时，我没有停留在理解的层次上，而是及时地让学生表达，让他们绘声绘色地把林海的美景描述出来！最后，学生再读这一段时，声情并茂，把大兴安岭的森林读成了“一片绿色的海洋”。至此，学生对课文也有了较深的理解。

二、读中悟情

阅读教学要求：阅读时，教师、学生和作者的情感要融为一体，三者得到交流。语文是一门人文科学，文章不是无情物，内蕴和情感不是教师能够“讲”出来的，而是要靠学生用心去体会、去领悟。那么，教师就要发挥读的优势，以读动情，让学生在朗读中去品词悟句，体会情感，读——作为通向作者心灵的桥梁，首先要让学生钻入文中，体味、品尝，然后跃出纸外，去表达、去交流，这样，化无声的语言为有声的语言，化有声的语言为活生生的形象，朗读就成为打开学生情感闸门的一把钥匙。

在教学《别了，我爱的中国》一课时，我抓住“别了，我爱的中国，我全心爱着的中国”这句话在文首、文中、文末的三次重复，引导学生去对比、去揣摩、去体会作者的情感。我问：每一次出现是在什么背景下，什么环境中，作者的情感有什么变化？每一句应该带着什么样的感情读？在实际教学中，我紧紧抓住作者心情的变化起伏，帮学生梳理出作者情感变化的线索（文章的暗线）：依恋——愤恨——自责——振奋。在朗读每一部分时，学生能够披文入情、声情并茂地朗读，起到了较好的熏陶、感染作用。如教学第2自然段，我启发学生读好表示语意转折的“不”字，并激发他们想象：当作者在我国的内海里蓦然看到悬挂着外国国旗的军舰时，他会想些什么？在学生体会讨论后，他们朗读时前半句比较舒缓，但从“不”字开始，语气急转直上，表达出作者愤恨的情感，具有较强的震撼力。当读到后文“我真是一个罪人”时，有的同学不禁流下眼泪，取得了较好的学习效果。

三、读中学法

“授人以鱼，莫如授人以渔”。读中学法就是要求阅读中教给学生阅读的方法，从而培养独立阅读的能力。

我们首先来看看《林海》第2课时的教学设计。围绕读，我的设计是板块式的：①初读——找特点（感知）；②再读——读特点（体味）；③三读——明写法（学写）。教师在教中授法，体现了“指导启发学习——总结规律学习——运用学法自学”的从“学会”到“会学”的过程。值得一提的是，这种学法设计不同于司空见惯的相似结构段落“扶放”学法，因为岭、林、花三部分在结构上并无相似之处。但是，我在深研课文之后，认为从更深层次上来说，这三部分有内在的共同之处：①写景抓特点。②景物的两个特点是融合在一起写的。如：岭——多而柔；林——广而绿；花——多而美。③作者都是把感情蕴含在文章的字里行间，写得意蕴深沉。因此，从写作和作者表情达意入手设计了这个学法。这是更高层次的迁移，适用于许多写景文章，更具广泛性。

其实，这种板块设计，也适用于多种类型的课文，①初读，了解内容；②再读，理解内容，体会语言；③三读，表达感情；④四读，学习写法。这种以读为核心设计的阅读方法，简单实用，简化了程序，加快了课堂进程，正是体现“语文教学的方法要简单，简单，再简单”这句话的含义。

以读为本是我国传统语文教学经验中的精华。在教学中，我以“读”为阅读教学的突破口，以读引思，以读悟情，以读学法，力图提高阅读教学的效率，使学生向着“自能读书”的方向发展。

开放课堂　创设情境　自读自悟

树立大语文观是当前语文教学的一个趋势。开放式教学和封面训练孰优孰劣？语文课应该到广阔天地中去上，还是拘于讲台三尺之地？是创设情境让学生去自读、自得、自悟，还是教师进行分析、讲解，然后让学生去机械地记忆？我从两节阅读课例（低年级《影子》和高年级《激光》）中深受启发。现就这两节课谈谈自己的一些粗浅看法。

一位老师执教一年级语文《影子》，课堂流程如下：

一、游戏导入，“演”中识字

师：同学们，今天我们大家做个游戏。预备！开始——小手拍拍，拍向左边；小手拍拍，拍向右边；小手拍拍，拍向后边……

（师生共同做这个“拍手”游戏。教师引导这些刚入学两个月的孩子认清左、右、前、后，使他们对这些方位词有感性的认识。）

师：再来做个“脖子扭扭”的游戏。一起来！脖子扭扭，扭向左边；脖子扭扭，扭向右边……

（这个游戏让学生再次巩固对左、右、前、后的认识。）

教师出示课题：影子。

师：谁来说说什么时候有影子？（生答：阳光下、灯光下。）

师：那么太阳在哪儿？影子在哪？

生：太阳在天上，影子在地下。

师：是啊！那么影子和我们有什么关系呢？请大家认真地读书，把课文读熟，并且把课文中的“新朋友”——生字好好地读一读，认一认。

（这时让学生充分读书，教师出示“左、右、前、后、黑狗、朋友、常常”等生字词，师生共同认一认，读一读。）

二、游戏学文，“演”中理解、记忆

师：同学们，今天天气晴朗，阳光灿烂，咱们一起到操场上，去认识我们的朋友——影子，好吗？

（师生来到操场上，教师领着学生背对太阳，两脚开立，站好位置。）

师：同学们，现在——影子在哪儿？

生：（指着前面的影子）影子在——前！

师：那么，谁能把影子变到后面呢？

（稍顿之后，学生们有的向后转，有的一下子跳个一百八十度转向。）

生：（扭头指着后面的影子）影子在——后！

（下面，教师要教“影子像条小黑狗，常常跟着我”了。教师带着大家排好队，时而前进，时而后退，时而向左，时而向右，可那条“小黑狗”始终“咬住”他们不放。）

师：你们发现了什么？

生1：影子黑黑的，真像一条小黑狗。

生2：影子跟着我，我往前它也往前，我往后它也往后。

生3：影子一直都是跟着我，我走到哪儿，它也到哪儿。

生4：我发现影子很“调皮”。

生5：影子很有趣，和我们玩儿。

……

师：对了，这就是影子——“常常”跟着我们，多有意思呀！

（在这段教学中，学生在游戏中，理解了文中词句的意思，这些理解是在表演中自悟到的。）

师：第2段——怎么表演呢？这样吧，我把权利交给大家，你们自己设计动作，看谁表演得最像、最真。我们比一比，好吗？

（学生对照课文，开始自编动作进行表演。他们把影子“变”到身体左侧、右侧，分别理解了“影子在左，影子在右”。）

师：谁来表演“影子像个好朋友，常常陪着我”呢？

学生竞相表演，有的俯下身子，认真地去和影子“握手”，有的作势去“拥抱”影子，有的和影子亲切地“交谈”……

（在这段教学中，学生自行设计表演，并充分展示他们的表演才华。学生的设计和表演充满了个性，也充满了“智慧”。）

三、游戏总结，回归全文

师：同学们表演得好极了！谁能从头到尾把全文给大家表演一遍呢？要求边说边演。

（学生表演，师相机指导。）

师：最后我们来做一个“踩影子”的游戏吧！谁的影子被别人踩到，就为大家表演一个节目。开始!

(本课在师生"踩影子"的游戏和孩子们的笑声中结束。)

(指导学生书写生字、词语过程略。)

在这节课的教学中,教师把语文课拉到操场的广阔天地去上,让学生真真切切地观察"影子",了解"影子",和"影子"做好朋友,这是多么大胆的创意,又是多么切合实际的做法,留给听课者的是深深的思索。是的,课堂自游戏开始至游戏结束,但又绝不仅仅是单纯的游戏,而是学生在演中学、在演中悟、在演中记,取得了意想不到的效果。

而另一位教师执教高年级课文《激光》,也同样体现了课堂的开放。他抓紧"读书"这条主线,让学生自得、自悟,也给人留下了极其深刻的印象。

上课伊始,教师就激发学生提问:"激光是高科技的产物,对于它,你们心中一定有许多疑问,那么你最想知道什么?"一石激起千层浪,学生连珠炮似的提出了十几个问题,广泛而又杂乱,如:什么是激光?激光是怎样产生的?激光的原理是什么?谁是第一个造出激光的人?激光的特点、用途是什么?激光有多大威力,有什么危害?……

面对这些问题,也许有些教师会无所适从,而这位教师却举重若轻地把球踢了回去:"同学们提这么多问题,很好。那么哪些问题在今天的课堂上能解决呢?请同学们认真读一遍书,想一想,我们能够解决哪几个问题?"这下,又把"解决问题"的权利还给了学生,在学生认真读一遍课文之后(注意这是第一遍读课文——细读)梳理出三个大问题:(1)激光是什么;(2)激光的特点;(3)激光的用途。其实,这也是这篇课文阐述的三个中心问题,但是由学生在"提问——读书——梳理"的过程中得出来的。

下面教师要请学生第二遍读书——速读。要求他们在较短的时间内读完,并画出写这三个中心问题的语句。学生在几分钟紧张的思维活动之后,清楚地知道了这三个问题所涉及的内容。这遍读,实际上是学生自学完了全文。

至此,下面做什么呢?当时听课的教师心里都打起问号,而执教者巧妙地话锋一转,又引导学生"三读"课文。这时,教师创设情境:教师——电视台记者,学生——分组为军事专家团、医学专家团、天文学家团,节目——《科学之光——激光》。孩子们马上低下头去开始默读了,而且要边读边记,是啊,既然是"专家",就必须把这方面的原理、构造、应用等弄清楚才行啊!在幽默生动的"电视采访"中,学生对课文的内容理解得准确、到位,而且还时有发挥呢!

最后,教师请学生成文《激光枪(炮、刀、尺)自述》又和学生探讨了一些利用查资料、上网、请教别人等解决问题的方法,课堂在愉快的气氛中结束了。

课后的探讨是多方位的，而教师这种“探究式”开放的教学模式，尤为大家称道。通过“三读”，使学生自觉地走上主体地位，在“生疑—读书—释疑”的过程中，学生的主体活动始终是教学的中心。古人讲写文章“不着一字，尽得风流”，而教师“不提一问”，只是相机进行引导、启发，却事半功倍，也留给大家许多启迪。

课堂的开放不止于此。让学生自己提出、筛选、确定教学内容，由学生来设计教学环节如何？一位教师执教成语故事《自相矛盾》，做了大胆的尝试。

上课开始，教师提出：“《自相矛盾》是一则成语故事，我们从中学什么？”是啊！我们每天都在引导学生阅读、习作，但“拿到一篇文章，从中学什么”这个问题或许从来不曾让学生思考过。于是，学生便在这一层面展开了讨论。最后，大家交流、筛选，确定了几个目标：懂故事，明寓意，学运用。

明白了学什么之后，教师又及时地抛出另一个问题：“那么，这样的目标，我们怎么学呢？”一下子，又把设计教学环节的权利交给了学生。学生马上兴奋起来，开始各抒己见，又是一番激烈的争论之后，“读—演—议”成为了大家达成共识的教学环节设计。

好戏终于开场了，第一个环节——读。由于是一篇微言大义的寓言故事，字面意思无难懂之处，教师提出：“第一遍读就要有感情地读。”怎么读？要揣摩角色心理，读谁像谁。“谁能替这个楚国人吹牛？”“吹牛”一词说得好！既俗又雅，俗到极致，雅又几分，通俗易懂，又含有讽刺意味，隐约触摸寓意。于是，“吹牛大赛”便开始了，在学生声情并茂的朗读中，他们一手执“矛”（铅笔），一手拿“盾”（课本），学着楚国人的样子——惟妙惟肖！而旁观者的话更是设计了多种身份的人物来读，这一读，整个课堂活灵活现，妙趣横生！

精彩的“演”开始了。教师一句：“读得那么好了，再让你们这样演，不是太便宜你们了吗？”使学生顿时疑窦重重。此时，教师适时地出示文言文《矛与盾》，请学生自读。虽然之前在课堂上从未见过文言文，但对语言的感觉使他们一读即知，这是与《自相矛盾》白话文对应的文言文，读过之后，一切都是水到渠成。理解是那么顺畅自然，朗读是那么抑扬顿挫（无非还是吹牛嘛！），甚至教师提出了“鬻”“誉”“陷”等几个难理解的字，学生也对答无误。

一番“之乎者也”的朗读之后，表演自然是文言文表演，看着学生摇头晃脑地表演着“以子之矛，陷子之盾”我们深深感到：文言文易学、有趣，又蕴含丰富的第一印象已扎根在他们的脑海中。

第三个环节——“议”，精彩纷呈。学生中竟有人开始替楚国人出主意，找理由，寻开脱，另一些人则抓住书中语句进行辩驳。场上学生唇枪舌剑，而教师只进行只言片语的点拨。有时,看着这位“不负责任”的教师在一旁“坐山观虎斗”,大家由衷地赞叹:由学生自己设计环节,自己去朗读顿悟,学生的潜力竟如此之大!

以上三个课例,虽年级段不同,但其教学设计的主旨是相同的,那就是尽可能地把学生主体活动作为教学的核心,在《语文课程标准》向全国推行的今天,“大语文观”“学生为主体”等都不应再是一句空话,期盼着学生主体地位确立之日,那便是我们语文教改取得重大突破之时。

开放　简约　有度

——我追求的语文课堂

一、语文教师怎么了

网上有两句话,话粗理不粗。发人深省,能刺痛我们语文教师。

第一句话——“上辈子杀了人,这辈子教语文”。

这是说我们语文教师承受的学科压力最大。各门学科里,好像只有语文——谁都可以来评头论足,说三道四。这种情况,好像其他学科很少,比如数学和英语,他们具有专门的知识体系,具有较强的专业性。换句话说,如果教师不教,很多东西是不容易弄懂的。所以,数学和英语教师就有了一定的权威性、神秘性,门外的人轻易不敢指手画脚的。而语文的情况则不同,白话文章,好像谁都可以看懂,谁都可以有自己的理解,于是谁都可以拿来说道一番。那么当然,我们语文教师就处在了风口浪尖,我们教学中的做法自然就成为大家的谈资,或是或非,都吸引着大家的眼球。如此一来,我们背负的压力可想而知。

为什么会这样?

一句话,我们语文教学缺乏一定的专业性,于是,我们语文教师就没有了学科尊严。

第二句话——“语文教师不如一条狗”。

不是骂人,是说明一个道理——语文课堂效率极其低下。

吕叔湘先生曾经痛恨的“语文课堂少慢差费”的现象,至今没有什么大的改观。随着社会的进步,科技手段大量涌进课堂,今天的课堂似乎还可以加上一个字——“花”。我们经常见到这样的现象:一个学生请假了几天,来到学校后,忙不迭地去补数学和英语课,可是语文课补不补却无关紧要。另一个学生住院请假了较长一段时间，在病床上百无聊赖，他就读了不少书。结果，期末考试，好久不上语文课的他成绩也不见得比别人差。

咄咄怪事！好像上不上语文课真的关系并不大！

于是，有人有了一种极端的说法：假如一个学期不许语文教师上课，给每个学生选出一摞书给他读，教室里安排一条狗来严格地监督管理，谁完不成任务就咬他。那么，一个学期下来，说不定学生的语文素养的提高会更多。呵呵，语文教师不如一条狗。

一针见血。叫我们所有语文教师汗颜。

但我们不得不承认，这切中了我们课堂效率低下的事实。

我们的语文课堂到底怎么了？

二、语文课堂怎么了

语文课堂的根本问题恐怕还是我们教师的问题，因为我们丧失了一种本领，或者说我们根本不去做一件最应该做的事情，那就是研读文本。于是，我们的课堂失去了目标（有时候目标偏离，有时候目标杂乱），我们的角色发生异化，我们不知道自己是谁，不知道自己应该干什么，有时我们越位（去进行思想教育，去普及科技知识，或者进行环保教育等等，不一而足），有时我们缺位（最应该进行的学生语言学习不去研究），我们的课堂成了万能筐，没有任何专业边界，我们的课堂终于沦入可有可无的境地。

原来，一切都是我们自己造成的，我们咎由自取。我们不研读文本，我们的认识和学生处在一个层次上，说句不好听的话，学生已经懂的我们懂的，学生不懂的我们也不懂。在你的课堂上，学生永远从已知走向已知，而不是从已知走向未知，教师永远在讲学生早已经看懂的内容，永远在说着正确的废话。试想，这样的课堂谁会欢迎，这样的课堂怎么会有效，这样的课堂不是可有可无是什么？

再看看我们语文教师课堂的表现吧。

周一贯先生说，现在的语文课堂实在是太“飘”。我的话是“乱花渐欲迷人眼”。很多课堂，声光电结合，令人眼花缭乱，什么都看见了，看不见文本；教师激情飞扬，满眼都是才情表演，却看不到学生的发展；什么都教了，没教语文。为什么？众多现代化的手段进入课堂，在它带来巨大促进的同时，无形中也弱化了文本，弱化了教师对文本的关注和研究，把教师的眼光从钻研文本吸引到了应用教学手段上。研读文本是什么，是“道”；教学手段是什么，是“技”。不悟道而研技，是舍本求末。看看我们今天的青年教师怎样备课吧。拿到课文，不是先读几遍，然后进行思考设计。而是先上网查别人的教案，最好有个现成的课堂实录，照搬就行。要不就是拼拼凑凑形成一份教案，然后开始制作课件。谁会去先把课文读几遍？谁会去思考一下文章的任务，文章的文路，立意、表达？所以，这样的课不会有教者的思想，不经历研读文本的痛苦过程，这样的课上得再多有什么用？教师永远不会成长。因此，一个语文教师最根本的功夫还在于读文本，而这，也正是今天的课堂，今天的我们所缺失的。

课改，关键是改课。改课，让我们从研读文本开始。

三、语文教师急需的三大转变

1. 变理解内容为学习表达。

有的老师认为，学习课文的最终目的就是理解内容，阅读教学就是要把内容讲清楚，于是，让学生全面正确的理解课文内容成了教学的第一目标。殊不知，今天的白话文，学生一读即懂，需要重点理解其实只是极少的关键之处。而教师只需在这些地方点拨启发就行了。阅读教学，当然要理解内容，但更重要的是通过读书感悟理解来积累和运用语言，学习语言才是语文学习的终极任务。当前的语文教学，还没有真正地从“理解内容”死胡同走出来，很多课堂还在纠缠“写了什么”，而没有真正去关注“怎样写”，当然更不会关注“为什么这样写”，根本谈不上“我要怎样写”。语文教师应该把主要精力放在引导学生学习文章的表达上，放在把握文章的思路和品味文章语言上。把握思路，要从整体上把握文章的立意、选材、安排等特点；品味语言，要领悟具体语言的妙处，斟酌揣摩，甚至质疑切磋。

2. 变教表达方法为进行语言实践。

有的教师认为，学生知道了表达方法，自然就有了表达能力。这正如误认为懂得了动作要领就一定会做动作一样。我们承认，掌握一定的写作知识，了解一定的写作方法，对表达是有一定帮助的。但是，语言能力的形成，语言水平的提高，不是靠懂得一些口诀就可以完成的，要靠语言的吸收和积累，语感的积淀和形成，要在大量的有针对性的语言实践中来完成、写作和表达能力的提高，和生活体验、语言积累、写作经验都有关系，不能靠单一的写作技巧。所以，懂得方法并不是真正的掌握。知道并不一定是得到，即使悟到，心到，还要手到。得心还须应手。

3. 变零碎语文知识为整体感悟语言。

有的老师认为，语文知识最重要的，掌握了语文知识才谈得上语文能力。于是，教学中拼命地把一些零碎的知识从文本中割裂开来，生搬硬套地塞给学生，殊不知，这样的夹生饭最没有营养，反而会弄伤孩子的肠胃。零碎的生硬的语文知识，把学生弄得懵懵懂懂，根本不明所以，即使死记硬背地记住，对表达又有什么益处！学生学习语文，不是为了记住语文知识，而是为了学习理解和运用语言。语言不同于一般的知识，它的特点是整体性、综合性很强，又带有鲜明的个人特色和情感色彩。文章语言的思想、感情和它的语言表达运用永远都是融合在一起的，任何想要割裂它的行为都是愚蠢的、无效的，甚至是适得其反的。

四、我的教学主张

1. 学习语文就是学习语言。

语文教学为什么质量不高？我们到底缺失了什么？我们的语文课到底应该做什么？这些问题使人困惑，让人沉思，拷问着语文教师的心灵。

中国永远都不缺乏理论家，那种从本本到本本的纯思辨的理论研究，比比皆是。也就是说，中国真正需要的是苏霍姆林斯基，是陶行知，是一批伟大的践行者，是扎根于土壤中的理论家。正是他们亲身的实践、实验、观察和思考，才能回答这样的问题。

我和我身边的同仁们也一直在前进中摸索，很长时间都找不到方向。思索、彷徨、争辩，但从没有停止脚步。直到有一天接触到语感教学理论，我们仿佛一下子豁然开朗。

语文教学的目标在哪里呢？应该是学习语言，也就是要把“培养和提高学生正确理解和运用祖国语言文字的能力”作为语文教学的根本任务，或者说，是培养学生听说读写的能力。语言学习就像是一条藤，思想影响、情感熏陶、思维训练、审美陶冶都只是这条藤上的枝蔓和花叶。这些枝蔓和花叶，虽然是语文大树上不可缺少的部分，但必须都以语言学习为基础，以语言学习为主脉。离开了语言学习，思想影响是空的、假的，是浮于表面的；离开了语言学习，思维训练就成了没有根基的纯粹的游戏；离开了语言学习，情感熏陶就成了假惺惺的表演；离开了语言学习，审美陶冶就是强送到学生手中的生硬的美学概念。

学习语言——这里的“语言”，绝不只是指拿出几个词语进行比较甄别的对文本细节的一味纠缠，而是涵盖了文学和文化的融合，人文和工具的融合，课堂和生活的融合，领悟和运用的融合。语文课本中的文化内涵、文学价值、思想精神都是通过文字，通过语言来表现的，所以，抓住语言学习这条藤，才能学好语文。

2. 学习语言的主要途径是习得。

学习语言的主要途径是什么？我认为主要是两个字——习得。习得就是感悟语言和实践语言。

举两个例子。

同事聚餐，大家给了一位女老师的孩子几颗糖果。孩子说，叔叔阿姨们给了我三颗糖。一颗红色的，一颗绿色的，一颗黄色的。多好的语言！先总说后分说，清清楚楚。可他还只是个三岁的孩子！谁教他的方法？没有人。是在平时的语言环境中学会的，这就是——习得。

中国老太太说自己的儿媳妇，或褒或贬，总是先有个观点。然后举出事例来说明，在叙述的过程中，还要描述人物的语言神态动作，还要说自己的心理感受，最后可能还要引用别人对事情的看法。有中心，有事例，有描述，夹叙夹议。这样生动的表达是谁教这个不识字的老太太的？没有人。还是两个字——习得。中国传统语文教学的基本方法就是习得。

传统语文教学十分重视学习的早期积累，不问懂与不懂，先进行背诵，"吃下去"再说，日后再慢慢"反刍"消化。孩子的启蒙读物多是韵文，朗朗上口，易于记忆。这样，儿童在正式上学以前，已经积累了相当数量的语言材料，已经学会了基本的语言理解和表达。有些东西也许当时并不懂，但今后的学习中一旦有所感悟，往往会触类旁通，豁然开朗。

汉语是一种整体性很强的语言。它的表达更多的是依靠整个语言环境，也就是依靠词语的语境意义和语感。前面的孩子和老太太讲话，还有许多中国人写文章，即使不懂语法，全凭语感照样可以写得文从字顺，甚至比较精彩。所以，从学生学习语言的角度出发，而不要从研究语言的角度出发（研究语言是语言学家的事，我们的学生要做的是学会理解和运用语言。一句话，会用就行），我们可以说，只有大量的积累和实践语言，才是提高读写能力和语文素养的唯一途径。

我们的语文教学，该醒醒了。少一点知识的灌输，少一点理性的分析，把教学的重点移到指导并帮助学生"感悟、积累、运用"语言上来。让学生读书，感悟，积累，实践，读起来，说起来，写起来，动动脑，动动口，动动手，这样，事情就变得明白了，简单了。

所以，学习语言就要习得，教师就要把"讲堂"变为"学堂"，把"教本"变为"读本"，这才符合学习语言的要求。

3. 学习语言的基本思路是课内得法，课外得益。

首先，我说一个观点——语文教学改革，谁认认真真落实了学生的大量阅读的问题，谁就能获得成功，功莫大焉。

我们小学阶段的阅读任务：低年段5万字，中年段40万字，高年段100万字。我们来算一笔账：每册课本2.5万字，12册30万字。还有110万字课外阅读任务要完成。所以，语文教学——课内得法，占3成，课外得益占7成。

五、我追求的语文课堂——开放、简约、有度

1. 开放。

(1)开放的课堂内容是开放的。

①从书本走向书海。

很多老师都有这样的经验，就是从课本延展开来引导学生读书。教《装满昆虫的衣袋》引导学生读《昆虫记》，教《海伦·凯勒》引导学生读《假如给我三天光明》，教《司马迁发愤写史记》引导读《史记故事》，教《景阳冈》引导读《水浒传》。这样的阅读和定期的读书报告会，使语文学习的内容从单纯的一篇课文走向了它广阔的背景，这是课堂的延伸和补充，更是把学生引到了能真正提高语文素养的源泉。

②从单一走向综合。

课堂上的语文学习是单一的，而综合性的语文活动是多样的。学期初，就根据学生年龄特点，根据教材内容，根据地区实际情况制定语文综合实践活动计划，因地因时，精心安排，效果很好。比如，根据课文《人类的老师》组织以“仿生学”为主题的活动，根据课文《火星——地球的孪生兄弟》组织以“太空奥秘”为主题的活动，根据课文《夹竹桃》《青海高原一株柳》组织研究“植物特点品质”的活动。这些活动，开拓了学生视野，与语言实践结合起来，学生的表达才会真实、丰富、灵动。

③从课堂走向生活。

生活是丰富多彩的，但是我们缺乏发现的眼睛。引导学生去发现，首先教师要有广阔的视野，敏感的心灵。大到国际风云，政治经济时事，城市改造变化，周围人们生活，小到河水变清，柳树吐绿，物价上涨，同学纠纷，家庭矛盾，都可以是语文学习的话题。语文即生活，只有放到生活的海洋中，只有在学生日常的生活中引导他们去发现，才会造就他们的“慧眼”，提高对生活的认识，语文的感悟和表达自然不在话下。

(2)开放的课堂环境是开放的。

苏格拉底的麦地课堂(《最大的麦穗》)和孔子的河畔课堂(《孔子游春》)给我们留下了难以磨灭的印记。虽身不能至，而心向往之。那么，我们为什么不努力给学生开放的课堂呢？囿于教室的方寸之地，禁锢了我们的手脚。走向自然，走向社会，走向生活。也许，天高云淡，风光无限。

(3)开放的课堂思想是开放的。

今天的课堂应该是学生自由呼吸的地方。首先，应该有一种平等民主的学习氛围，营

造自由向上的空气，鼓励学生进入深层次的学习，乐于发表见解，敢于质疑询惑，这样，思想的自由才有了前提。其次，鼓励自主学习。自主自主，自己做主。让学生有自己选择学习内容和学习形式，甚至学习场地，学习伙伴的权利。第三，教学的设计和问题也应该是开放的。不拘泥于一问一答的死板形式，设置开放的问题和空间，供学生在其中学习、研究、综合、归纳、表达。这样的课堂，才是充满活力的。

2. 简约。

(1)目标简明。

明确的教学目标是我们各科教学的共同要求，也是最基本的要求。所谓明确，可以理解为简明正确。我们常常看到语文教师的课堂上目标繁杂，甚至游离偏移，有时候我们在课堂上忙前忙后，顾此失彼，有时会像没头苍蝇一样无所适从。这一切的原因都在于心中目标不明，也就是不知道自己的目的是什么，自己要干什么。教学目标不仅要明确，更要简洁，要少，学一课书，最好制定一个教学目标，抓住一个点来训练学生实践语言，这样，所有的教学行为都有了一个核心，都指向一个目标。“一课一得”“集中力量打歼灭战”“攻其全身不如断其一指”，这些都是目标简明的形象说法。学生的语文能力是螺旋式上升的，是一点一点积累的结果。所以，我们要有蚂蚁啃骨头的精神，着眼于学生语文素养提高的宏观的战役，但着力于字词句篇听说读写的一城一地的攻坚，假以时日，方可聚沙成塔，滴水汇海。

(2)环节简洁。

目标的杂乱往往导致教学行为的无序。我们也看到我们很多课堂显得臃肿、纷杂、无序。教师的教学设计有时候过于“硬”，是一种刚性的设计。一节课有几个大环节，每个大环节有几个中环节，每个中环节又会有几个小环节，这样下来，往往就会有十几甚至几十个环节，看似环环相扣，实则把课堂的进行看成了机器运行，把师生都看成了机器上的零件，教学毫无空间可言，学生何谈自由和兴趣，何谈发展。所以，我们崇尚简约的教学设计，一节课或读或说或写，只安排两三个的环节，每个环节都有一个明确的目标，各个环节之间相互连接促进，相辅相成，这样，师生在课堂上都能心中有数，大家心往一处想，劲往一处使，才会取得理想的效果。

(3)手段简单。

总觉得教师应该向生意人学习——用最小的投入获得最大的回报。

一位老师讲松鼠搭窝：先找来一些树枝交错着放在一起，再搬来一些干苔藓压紧踏平，最后还加上一个窝顶遮风挡雨。教师怎么教？让学生小组合作来研究“搭窝”。学生拿来铅笔做树枝，动手放时理解了什么是“交错”；拿来本子做“干苔藓”，演示“压紧踏平”；最后把书支起来当遮阳的“屋顶”。在这个过程中，学生全员参与，个个动手，了解了松鼠搭窝的顺序，理解了词语，并且边做边说得都把这段课文背诵了下来。

教《自相矛盾》时，我让学生表演那个楚国人“吹牛”。学生随手拿起笔当矛，拿起书当盾，表演得有声有色。教《翠鸟》，让学生用手势演示翠鸟“蹬开苇秆，叼起小鱼，贴着水面疾飞”的场景，生动鲜活，情趣盎然；教《趵突泉》，让学生边读课文，边用手势做出水珠流泻的各种形状，揣摩体会，品味涵泳，入情入境。一位教师教拼音，把每个字母变成“手指操”，学生在游戏中牢记了每个字母。

这些案例，都是怎样的教学效果！又是怎样简单的教学手段！没有声光电的介入，没有动画的演示，用最简单的手段解决了问题。

3. 有度。

一位教师教《月光启蒙》，最后引入作者回忆母亲晚年病中的情况，学生情不自禁地淌下了眼泪；教《船长》，学生模仿哈尔威船长的话，却没有读出坚定果敢，只是一味地喊叫；课堂上，我们会看到因为教师对文本挖掘过深，甚至过于艰涩偏离，学生茫然懵懂，不知所措；我们也看到课堂上语言训练的梯度过大，学生跳起来也摘不到果子。训练的梯度过小，毫无价值可言；我们还看到，有的课堂充斥着大量的课外资料，却冲淡了文本的品读感悟……

小语姓小，教学有度。语文教师要把握教材的深度、语言的温度、情感的浓度、训练的力度、拓展的适度。有度的课堂是灵动的，是智慧的，是理智的，是宁静的。

六、构建开放简约的课堂——挖、选、转

怎样构建开放简约有度的课堂呢？还是从解读文本开始。下面从备课的三个过程谈谈自己的一些做法。

1. 文本研读——挖。

(1)抓人物。

例 1:《林冲棒打洪教头》

小说主要是刻画人物，所有好的小说都是写人心，写人性。教这篇文章的抓手就是把握林冲的性格。金圣叹点评林冲有四个词：算得到、熬得住、把得牢、做得彻。我把林冲的性格总结成两个字：忍、狠。林冲的性格是贯穿其一生的，他是个有血有肉的悲剧英雄。高衙内调戏他老婆，忍；高俅陷害他入狱，忍；两解差百般刁难他，忍；野猪林差点丢了性命,还是忍;直到火烧草料场,风雪山神庙,退无可退,才果断出手,杀死仇人,体现了狠的一面。火拼王伦也是如此的过程。看看棒打洪教头也不例外,洪教头一逼再逼,林冲一忍再忍,才出手打败他。这个故事就是林冲一生性格和命运的缩影。所以把握林冲的性格是打开这篇文章的一把钥匙。

例 2:《景阳冈》

武松的性格和林冲不同,武松性情耿直,胆大心细,快意恩仇。林冲出场,不打高衙内,是表现他的性格;鲁智深出场拳打镇关西,是表现他的品格;武松出场打死老虎,是表现他的体格。金圣叹说,武松是人也是神。教学中,抓住喝酒、上山、打虎三个环节,分别通过人物的语言、心理和动作描写来体会武松的倔犟、犹豫和惊慌,让人看到他作为普通人的一面之后,再看到他有神的一面——过人的酒量、胆量和力量。这样,把握住武松身上神和人的结合,就把他的表现理得明明白白。教学也就有了着力点。

(2)抓文眼。

例 1: **江雪**

千山鸟飞绝,
万径人踪灭。
孤舟蓑笠翁,
独钓寒江雪。

这首诗的诗眼是"钓"。有人解读为藏头诗"千万孤独"。诗的前两句写出作者被贬永州时遭遇的政治环境——千山鸟飞绝,万径人踪灭。这是多么令人绝望的环境啊!但诗人绝望了吗?没有!他在钓,钓就是等待,钓就有希望,冬天来了,春天还会远吗?一个"钓"字体现了诗人不屈服于现状,充满期待的向上精神。

例 2: **闻官军收河南河北**

剑外忽传收蓟北,初闻涕泪满衣裳。
却看妻子愁何在,漫卷诗书喜欲狂。
白日放歌须纵酒,青春作伴好还乡。
即从巴峡穿巫峡,便下襄阳向洛阳。

唐代宗宝应元年(762),唐军收复了大河南北的大片土地,安史之乱算是平息了。但这时成都发生兵乱,杜甫避乱寄居梓州(今四川省三台县),听到安史之乱被平定的消息,不禁惊喜若狂,在极度兴奋之中写了这首诗。这首诗极自然概括地写出了所有乱离人的共同感受,使它成为千古名篇。前人评这首诗为杜甫"生平第一首快诗"。请看诗中"五快":

"忽传"——(收复中原的)胜利消息来得快；

"初闻""满衣裳"——(诗人)眼里泪水涌得快；

"却看""漫卷"——(妻子和孩子)脸上愁云散得快；

"青春作伴好还乡"——(诗人)回家决定做得快；

"即从、穿、便下"——(诗人)想象船儿跑得快。

抓住"五快"，教学有了主线，一气呵成，流畅奔放。

例3：课文《少年闰土》

可惜正月过去了，闰土须回家里去。我急得大哭，他也躲到厨房里，哭着不肯出门，但终于被他父亲带走了。他后来还托他的父亲带给我一包贝壳和几支很好看的鸟毛，我也曾送他一两次东西，但从此没有再见面。

比较鲁迅和闰土分别时的表现：鲁迅是大哭——东家的少爷可以撒娇，依恋闰土不愿分手便大哭；而闰土只能躲着哭——帮佣的儿子只能压抑情感，偷偷哭泣。

两个"哭"折射出两人身份的不同，读者读出一份沉重。

(3)抓矛盾。

例：

咏　柳

碧玉妆成一树高，
万条垂下绿丝绦。
不知细叶谁裁出，
二月春风似剪刀。

贺知章的这首诗，最精彩的是后两句，"不知细叶谁裁出，二月春风似剪刀"。精彩在哪里呢？首先是把春风比作刀。这是以前没有过的。我们常说，春风拂面，吹面不寒杨柳风，本来"春风"是柔和的，温暖的，怎么能用刀来比喻呢？这就形成了矛盾。不是别的刀，却要说它是剪刀，为什么呢？这是由诗歌的意境主旨决定的。这个"剪"字正对应了前面一句"不知细叶谁裁出"中有个"裁"字。再往前看，第一句中有"碧玉""妆"，这些字联系起来很容易使我们想到什么？女性的美。所以打开这首诗的钥匙就在于——他是把柳树当做女性来赞美的。

这首诗的矛盾：柳树本不是碧玉，但就要说它是玉，柳叶不是丝的，却偏偏要说它是。这里当然有柳树的特征，但更主要的是诗人的情感特征——用珍贵的物品来寄托珍贵的感情。再加上后面两句，把春风和剪刀联系起来以后，前面的句子也显得有生气了。

我们看，这首诗一个字都没有浪费，景和情就这样水乳交融。我们抓住了矛盾进行分析，才能更深地理解诗歌的内蕴。

(4)抓主题。

例 1:《早》——借物写人

我也忽然明白了清香的来源:是腊梅花。

迈进后园，腊梅开得正盛，几乎满树都是花。那花白里透黄，黄里透绿，花瓣润泽透明，像琥珀或玉石雕成的，很有点玉洁冰清的韵致。梅飘香而送暖，雪六出以知春，梅花开的时候，也正预示着春天的到来。二十四番花信风，一候是梅花，开得最早。

早啊！鲁迅的书桌上就刻着一个“早”字。

这篇文章到底写什么？写鲁迅，写鲁迅的勤奋。全文的结构是先写了三味书屋，然后写后园的梅花，最后写鲁迅把“早”字刻在桌上，刻在心里的故事。为什么要写梅花？梅花和鲁迅有什么联系？我们可以看出，这里写梅花，重点是写她的早，这就切合了全文的主题。那么怎么教？恐怕还要逐句分析。首先看每句话，分别写了梅花的香、盛、美和早。“香”写什么？写鲁迅。鲁迅不是具有梅的精神，不是清香隽永吗？“美”写什么？写鲁迅。我们看看花色——白里透黄，黄里透绿，花瓣润泽透明，像琥珀或玉石雕成的，很有点玉洁冰清的韵致。白、黄、绿放在一起，是不是那么高雅纯净？“润泽透明，玉洁冰清”仅仅是在说花吗？也是在说先生品格。“早”更是在以花喻人，写先生的勤奋。句句写景，字字写人，这正是文章的妙处。

例 2:《海伦·凯勒》——爱

本文以感人的笔触向我们介绍了一位用勤奋和坚韧不拔的精神扼住命运喉咙的英雄——海伦·凯勒。海伦不屈不挠的精神当然是文章着力刻画的，但文章的线索是什么——爱。课文的字里行间充满了爱，正是这种来自家人、老师以及周围人的关爱唤起了海伦对生活的信心，而对生活的爱又支撑着她从不幸中勇敢地站立起来。其传奇般的一生同时也成为鼓舞人们战胜厄运的巨大精神力量。我们细读课文，会从字里行间发现“爱”。

“爱”之一:感人至深师长爱。

让我们通过课文细节来体会爱，大家不一定熟悉课文，我们看看课文:

课文第一段:1880 年，海伦·凯勒出生在美国。不幸的小海伦，在生了一场重病之后，双目失明，双耳失聪。天哪，谁能想到，当时她才是一个一岁半的娃娃呀！从此，小海伦与有声有色的世界隔绝了。她面对着的是无边无际的黑暗和死一般的沉寂。她不能喊一声“妈妈”，也不能倾诉心中的希望和要求。她变得暴躁起来，脾气越来越坏。

下面，她的启蒙老师沙利文老师来了：

就在这时，家庭教师安妮·沙利文来到了海伦身边。

沙利文老师开始教海伦摸盲文，拼单词。一次，她们路过水井房时，沙利文老师把海伦的一只手放在水管口上。这时一股清凉的水在海伦手上流过，沙利文在海伦的另一只手上拼写了“水”这个单词。海伦猛然醒悟，原来“水”就是这种清凉而奇妙的东西呀！她心中充满了前所未有的喜悦，感到生命有了新的开始。

在沙利文老师的精心指导下，海伦学会了拼写自己的名字，学会了拼写“泥土”“种子”等许多单词。她不分昼夜，像一块干燥的海绵吮吸着知识的甘霖。她拼命摸读盲文，不停地书写单词和句子。她是这样地如饥似渴，以至小小的手指头都摸出了血。沙利文老师心疼地用布把她的手指一一包扎起来。就这样，海伦学会了阅读、书写和算术，学会了用手指“说话”。

我们发现了两个细节：第一个——沙利文老师是怎样教海伦的。不管教海伦什么，她总是用一个很好听的故事，或是一首诗来讲清楚，她的教育经验十分丰富，教育方法也与众不同，她从不把海伦关在房间里进行死板的、注入式的课堂教育。课文中对沙利文老师的教育方法给予了充分肯定，海伦从一股清凉的水中感受到了生命的喜悦，学会了“水”这个单词，她的世界从此出现了前所未有的生机与活力，这一切，沙利文老师功不可没。对于海伦来说，沙利文既是老师又是家人，她们之间的感情已超出了一般的师生之情，正是这种亦师亦亲人的独特感情，陪伴着海伦渡过了重重难关。海伦在她的名作《假如给我三天光明》一文中深情地抒发她对沙利文老师的爱：“假如给我三天光明，我第一眼想看的就是我亲爱的老师。”也正是这位沙利文老师，在海伦 7 岁那一年，来到她的身边，此后半个世纪一直与海伦朝夕相伴，用爱心和智慧引导她走出无尽的黑暗和孤寂。海伦一生创造的奇迹，都与这位年轻杰出的聋哑儿童教育家密不可分。

第二个——教材中的一处细节值得玩味：“沙利文老师心疼地用布把她的手指一一包扎起来。”“心疼”一词让我们看到了一份心灵相依的师生情谊，这份感情恐怕是其他任何东西所不能代替的。在老师无微不至地关怀下，海伦学会了阅读，从此走进了五彩斑斓的知识殿堂。

我们再看对她另一位老师的描写：

海伦 10 岁的时候，越来越强烈地想开口说话。父母为她请来盲哑学校的萨勒老师。萨勒发音时，要海伦把手放在她的脸上，用感觉来判断萨勒舌头和嘴唇颤动的情况，以此体会怎样发音。这种完全靠触觉学习说话的方法，其艰难程度可想而知。海伦后来在回忆自己的这段学习生活时说："为使我的伙伴——即使是最亲密的伙伴——能听懂我说的话，我夜以继日地努力，反复高声朗读某些词语或句子，有时甚至要读几个小时，直到自己觉得读对了为止。我每天坚持着练习，练习，练习……"

无需多言，萨勒老师是怎样教海伦的？"发音时，要海伦把手放在她的脸上，用感觉来判断舌头和嘴唇颤动的情况，以此体会怎样发音。"是一遍两遍可以的吗？不是，这里我们感受到的是耐心，是发自内心的爱。

再来看看她的父母：

当夏天来临时，海伦在盲哑学校的课程正好告一段落，她说话的能力也和一般人没什么两样了。海伦回到家里，大声喊道："爸爸，妈妈，我回来了！"刹那间，爸爸和妈妈紧紧地抱住了海伦，流下了兴奋的泪水。

海伦是不幸的，因为她从小双目失明，双耳失聪；海伦是幸运的，因为她拥有太多太多的爱。

"爱"之二：自强不息追求爱。

我们仍然来看课文：

知识打开了海伦的眼界，增强了海伦生活的勇气和信心。她有时在林中漫步，有时和朋友们在湖上泛舟。她在想象中感受着这个世界。"我常常感觉到一阵微风吹过，花瓣散落在我身上。于是我把落日想象为一座很大很大的玫瑰园，园中的花瓣从空中纷纷扬扬地落下来。"她用这样动人的笔调描绘着她心中"看"到的世界。

"漫步、泛舟、微风、花瓣"——我们感受到的是她对生活的难以抑制的爱。再看看前面的"拼命、不停、如饥似渴、夜以继日、反复朗读、练习，练习，练习……"这些描写，海伦的"不屈不挠"还用得着语言描述吗？

每次讲这一课，我都给学生朗诵汪国真的《微笑着走向生活》：

我微笑着走向生活，
无论生活以什么方式回敬我。
报我以平坦吗？
我是一条欢乐奔腾的小河。
报我以崎岖吗？
我是一座大山庄严地思索！
报我以幸福吗？
我是一只凌空飞翔的燕子。

报我以不幸吗？
我是一根劲竹经得起千击万磨！
生活里不能没有笑声，
没有笑声的世界该是多么寂寞。
什么也改变不了我对生活的热爱，
我微笑着走向美好的生活！

“爱”之三：永恒留名播撒爱。

海伦是一个永恒的奔跑者，她的一生都在黑暗中寻找光明，给无望世界带来希望，她歌唱着光明和声音，她用漫长的一生走出了命运中永恒的黑暗与寂寞。正因为海伦经历过黑暗与无声的痛苦，才能更加深切地体会到残疾人的不幸，她用自身奋斗的经历向世人讲述着她是如何战胜病残的，给成千上万的残疾人和正常人带来鼓舞。在她的笔下，我们丝毫看不到黑暗与寂静的存在，有的只是对光明和自然的美好向往。她穿梭于美国各地，到欧洲、亚洲发表演说，为盲人、聋哑人筹集资金。二战期间，又访问多所医院，慰问失明士兵，同时也为贫民及黑人争取权益，提倡世界和平。正如课文中所说：“她把自己全部的爱都倾注在残疾人身上。”

三种“爱”似乎自成一体，其实紧密而不可分割。师长之爱点燃了海伦的生活之火，给了她“不屈不挠”的勇气；对生活的热爱是她“不屈不挠”的动力；更广博的爱又使她“不屈不挠”创造奇迹。课文以情感人，以“爱”贯穿，紧扣海伦的“不屈不挠”，一气呵成，浑然一体。

例3：《月光启蒙》——启蒙

《月光启蒙》讲述的是诗人孙友田回忆自己童年时，在夏夜月光的伴随下，母亲唱歌谣、讲故事的情景。这篇文章抓什么？还要从课题入手——孙友田是一位知名的当代诗人，他的诗歌充满了诗情画意，充满了奇特的想象。他的文章朴素、自然、真诚。他是个农村孩子，母亲不识字，生活在苏北的一个贫穷偏僻的小山村……文中，孙友田用诗一般的语言向我们讲述了一个自己童年的故事，这就是——《月光启蒙》。听着他的故事，徜徉在字里行间，你能感受到散发着的浓浓诗情；感悟着作者从母亲那里受到的启蒙教育，体会对母亲的深深怀念之情。

从课题上看——“月光”不能少，“我”的童年有明月星光的陪伴，“我”的母亲是在月光下——这个特定环境中给予“我”的启蒙。如水的月色，神秘的夜空，给“我”美的陶醉，无穷的幻想。诗人的诗情，我想与儿时的潜移默化是分不开的。

作者的原文题为“月光母亲”，而进入教材后题目改为“月光启蒙”，可见着力点有所不同。编者还在课后练习中安排了这样一道练习题：“默读课文，想一想，作者为什么用‘月光启蒙’作为课题？”看来在教学中“启蒙”不可少。分析题目，“月光”“启蒙”“母亲”三者缺一不可，其中“启蒙”又是重中之重。抓住“启蒙”这条线索，就可以提领而顿。

是谁给了“我”启蒙教育，是母亲。文中作者说“母亲不识字，却是我的启蒙老师”，那么，母亲给了“我”什么样的启蒙？

剖析“启蒙”，我们发现可以分两个层次来理解。第一，母亲是通过为“我”唱歌谣童谣、讲故事、说谜语，给“我”以启蒙的。那么，这些歌谣、童谣、故事、谜语会给“我”什么启蒙呢？应该是文学的启蒙。别忘了，孙友田是一位诗人。而诗歌和这些歌谣、童谣应该是有联系的，歌谣、童谣的韵律、节奏、生活化的内容，甚至意境和想象，是不是在少年孙友田的心里播下文学的种子呢？第二，更深层次的，如水的月光下，在妈妈的歌谣声中，孩子享受着月夜的宁静与清幽，感受着母亲的圣洁与美丽。课文有一句话：“黄河的故道不长五谷，却长歌谣。”又传达着生活的艰辛和黄土地上的人们勤劳乐观的生活态度。母亲通过歌谣不仅传递了她对“我”的爱，同时也把她对故乡的爱，对生活的爱传递给了“我”。这就是爱的启蒙——爱故乡、爱亲人、爱生活、爱大自然、爱一切美好的事物。

这篇文章围绕“一条主线，两种体验”而展开叙述。以母亲对作者的启蒙为主线，一读感悟文学启蒙，二读感悟爱的启蒙。以母亲的启蒙（吟唱的儿歌童谣）为主线，读者可从自身、从母亲、从作者的不同角度去领会母亲的启蒙。

（5）抓主线。

例1：《推敲》——三处“推敲”

《推敲》一课讲的故事大家应该都熟悉：诗人贾岛写一首诗，里面有两句“鸟宿池边树，僧推月下门”，后来想把“推”字改为“敲”字，反复考虑，难以确定。贾岛着迷于斟词酌句，无意中冲撞了大官韩愈的队伍。韩愈是大文学家，考虑之后，给他建议：月夜宁静，僧人晚归，应用“敲”而不应用“推”。为什么？一、敲门显得文明，推门略显粗鲁；二、夜深人静，敲字更显其境；三、读起来，敲比推更响亮。

文章教什么？首先要弄懂“推敲”一词的意义。故事在最后一节已经向我们做了揭示：人们就把在写诗和作文时斟酌文字叫作“推敲”。贾岛发现“推”字用的不够妥帖，于是思考是否改用“敲”字更为恰当。继而由于误闯韩愈的仪仗队，有了和韩愈合作思考的机会。最后思考的结果，还是用“敲”字更合适。这个解决问题的过程，构成了课文叙述的主脉。也就是说，文章共有三处写到“推敲”：一是贾岛自己推敲；二是韩愈自己推敲；三是贾岛和韩愈共同推敲。有了这个认识，在解读课文时，就有了篇章意识，强化了整体感。

例2:《将相和》:明线——秦赵矛盾；暗线——廉颇和蔺相如矛盾。

《草船借箭》:明线——曹操和孙刘矛盾；暗线——周瑜和诸葛亮矛盾。

(6)抓表达。

例1:《我的伯父鲁迅先生》——围绕中心从不同角度选不同事件展现人物。

例2:《林冲棒打洪教头》——用洪教头的狂妄浅薄反衬林冲的内敛深沉。

例3: **送友人**

青山横北郭，白水绕东城。

此地一为别，孤蓬万里征。

浮云游子意，落日故人情。

挥手自兹去，萧萧班马鸣。

全诗一、二句写景，三、四句叙事。五、六句写景，七、八句叙事。写景处以“青山”“白水”“浮云”“落日”来写惜别之情。一个“绕”字情意绵绵，缓缓飘走的浮云，慢慢降下的落日，都表现着依依不舍的情感。最后，班马(失群之马)的悲鸣更是将离别之情推向高潮。这是借景抒情的经典篇目。

2. 内容筛选——选。

例:《珍珠鸟》

起先，这小家伙只在笼子四周活动，随后就在屋里飞来飞去，一会儿落在柜顶上，一会儿神气十足地站在书架上，一会儿把灯绳撞得来回晃动。渐渐地它胆子大了，竟然落到了我的小桌上。它先是离我较远，见我不去伤害它，便一点点挨近，然后蹦到我的杯子上，俯下头来喝茶，再偏过脸瞧瞧我的反应。后来，它完全放心了，索性用那小红嘴，“嗒嗒”啄着我正在写字的笔尖。我用手抚一抚它细腻的绒毛，它也不怕，反而友好地啄两下我的手指。

这篇文章主旨是写人与鸟之间的信赖。这一段集中体现小珍珠鸟慢慢接近“我”、亲近“我”的过程。教学中提问，小珍珠鸟是怎样一步步亲近“我”的？学生自读发现——地点越来越近，从笼子四周到屋里，从小桌上到杯子上，再到“我”的手边，后文还在“我”的肩头睡着了；动作越来越亲：先是落、站、撞，再是挨近、喝茶、啄笔尖、啄手指。

实际教学中，在所有的动词中间，我选出一个字——撞，让学生辨析体会。学生把“撞”和“碰”作比较，发现：“碰”字表现的很可能是无意的，不小心碰到了灯绳；而“撞”字表现小珍珠鸟是故意的恶作剧。为什么故意撞灯绳呢？联系前后的描写发现，原来它一直在试探“我”，看“我”有没有敌意，才决定是否接近“我”。一个“撞”字，写出了小珍珠鸟的调皮、可爱,就像一个顽皮的孩子!

在研读文本的过程中,我们经历了挖的阶段,往往会发现很多可供训练的素材,也就是训练点。但全部都抓住,就会显得庞杂无序,重点不明。这时,筛选就是我们必备的本领。抓住那些关键的点,提领而顿,百毛皆顺。所以,选——是我们语文教师必须过的一关。

3. 课堂操作——转。

(1)读写结合。

①《林冲棒打洪教头》这一课的练笔可以有两处:一是写洪教头和柴进的舌战(编写课本剧);二是写洪教头和林冲的比武(加上心理描写)。

②《游园不值》——让学生发挥想象,把诗中的诗人、主人、杏花、小草都作为会说话的人物来写,编一个温情的故事(具体见《把语文教到学生手上》)。

③《最佳路径》——让学生当主人公格罗佩斯,体会他的焦躁和启发(简短地写下来),并为他写一份获奖感言(安排3处练笔,参见《把语文教到学生手上》)。

(2)读议结合。

例1:《趵突泉》

泉池中央偏西,有三个大泉眼,水从泉眼里往上涌,冒出水面半米来高,像煮沸了似的,不断地翻滚。三个水柱都有井口大,没昼没夜地冒,冒,冒,永远那么晶莹,那么活泼,好像永远不知疲倦。要是冬天来玩就更好了,池面腾起一片又白又轻的热气,在深绿色的水藻上飘荡着,会把你引进一种神秘的境界。

大泉一段,抓住"冒,冒,冒"一处标点变化让学生试改:叹号表现作者初见泉涌的惊叹,省略号表现定睛看泉的沉醉,而逗号显示心情归于平静,表现泉涌是趵突泉的常态。

池边还有数不清的小泉眼。有的不断地冒泡,均匀的小气泡连成一串,像一串珍珠随着水流摇曳。有的要隔一会儿才冒出十来个气泡,只见气泡轻快地往上蹿,好像你追我赶似的。有的半天冒出一个气泡,那些气泡比较大,大多扁扁的,一边往上升一边摇晃,碰着水面就碎了。在阳光照射下,大大小小的水泡五光十色,没有哪一种珠宝能比得上。

小泉部分可以让学生想象或者用手势来表示,既加深了了解,又富有情趣。

(3)读演结合(表演、演示——简单有效)。

①《景阳冈》——让学生研读打虎段落,讨论表演扑、掀、剪的动作,体会老虎的凶猛,衬托武松的勇武。

②《林冲》——演示洪教头"举火烧天"的招式,体会他的凶狠蛮横;演示林冲的"拨草寻蛇"的招式,体会林冲的武艺高强和手下留情。

③《开天辟地》——做出“抡、劈”的动作，感受盘古的力大无穷。

(4)读想结合。

《再见了，亲人》——详见《且行且思教语文》一篇。

(5)读画结合。

《草》——参见于永正老师的经典课例。

《锄禾》——背一背，画一画，讲一讲，说一说。

教学过程：①让学生背诵古诗；②给每句诗画上插图；③设置情景：一个学生浪费粮食，你会怎样劝他？

读写结合、读议结合、读演结合、读想结合、读画结合，这是转的五种基本方法。

开放、简约、有度，这是我心目中理想的课堂。为了这样的理想，我将矢志不移地付出努力。

适度拓展——轻轻拨动孩子的情感之弦

当前的语文教学有两种倾向：误读文本、无度拓展。现在就适度拓展问题展开这场讨论是非常必要、非常及时、非常深刻的。“度”包括“角度”“深度”“广度”。现在就适度拓展问题谈谈自己的看法。

小学语文中的文章大多是名家名篇，无不凝聚着作者和编者的爱憎喜愁，每一篇文章都是有“情”之物，引人入胜。阅读教学是以文本为载体，从语文阅读的角度去审视作品所蕴含的情感，挖掘文本中能够感染学生的情感因素，以自己的感情去领会体察，达到与作者、编者共鸣的情感历程。无疑利用原文进行文本拓展能引领学生情感达到与作者情感共鸣，心灵相通，但有些文本对于小学学生来说是“雾里看花”，让孩子从成人的眼光去审视人生，无形之中给处于童年之中的孩子增添了几分凝重，同时又与编者的初衷相去甚远，偏离了编者的航向。反之，从不同角度适度拓展文本既能引领学生在作者、编者之间建构起数条充满灵动、充满活力的情感之弦，从儿童的眼光去亲近文本，感悟亲情，享受生活，乐观人生，以自己的感情去领会体察，达到与作者、编者共鸣的情感历程。下面我就介绍教学中许多从不同角度适度拓展达到与主人公同命运、共呼吸，引领孩子走进作者与编者内心世界的成功事例。

“蓄情”——引入文本背景

案例1:《二泉映月》

师:《二泉映月》是一首著名的曲子,是谁创作的?

生:是阿炳创作的。

师:你对阿炳有些什么了解?

生:阿炳的原名是华彦钧。

师:你还知道些什么呢?

生:阿炳是一位民间艺术家。

生:阿炳的爸爸是一个道士,他只能称他父亲叫师父。

师:由于他的父亲是一个道士,受世俗的影响只能称他的爸爸为师父。你还了解什么?

生:阿炳是一个盲人,而且他的身世很悲惨。

师:说得好,他抓住了阿炳和常人最大的区别。你还知道什么?

生:他的母亲在他4岁的时候就去世了。

师:他的母亲因为出身低贱,在阿炳4岁的时候就被迫自尽了。你还知道哪些?

生:他是一位音乐家,江苏无锡人……(详细介绍阿炳身世)

师:4岁丧母,21岁开始患眼疾,到34岁双目完全失明,被道观赶出来被迫上街流浪。你是从哪儿知道的?

生:我从网上知道的。

师:真会学习,你还能够上网查找资料。你还知道哪些?

生:我还知道他不仅二胡拉得好,琵琶也弹得很好。

生:我知道他的音乐素质很好,他爸爸和别人都管他叫“铁手琵琶”。

师:父亲的音乐素养很好,父亲从小就加强对阿炳的音乐素养培养,所以阿炳从小的音乐素养就特别好。

生:阿炳一生创作了许多曲子。

师:阿炳一生创作了许多曲子,但留给我们后人的只有六首。当中央音乐学院的教授第二次去给阿炳录音的时候,他已经不幸去世,成了音乐界的莫大遗憾。

生:我还想补充,阿炳十分热爱音乐,他的一生过得非常辛苦,但是他克服重重困难,终于取得成功。

评析 文本中有许许多多的故事，许许多多微妙的情感都悄无声息地蕴藏在文本时代背景之中，文本人物背景之中，文本事件背景之中……教者要善于把握这些背后的情感因素进行拓展，开掘情感源流，使学生蓄积情感的“储备量”。本环节中，教者抓住“阿炳”这一人物，通过上网、查阅读书等多种渠道，引领孩子走进阿炳凄惨的人生世界，同时又被阿炳不向命运低头、誓死抗争的一举一动所折服！正可谓未读书本先动情，为孩子进一步走进《二泉映月》积淀了足够的情感食粮。

“知情”——引导品赏词句

案例2:《春蚕》

师:读读课文，如果能把书上的文字变成一幅幅画，那印象就更深了。下面老师请同学们当摄像师，把你们感受最深的情景拍下来，看谁选的镜头好，并说说为什么拍摄这组镜头。

(生读书、讨论、交流、评议。)

师:谁愿意把你拍摄的镜头介绍给大家？我们共同来欣赏欣赏。

生:我拍下了母亲精心养蚕的情景(出示课件):母亲微笑着，很小心地把小蚕抖落在匾里，喂的桑叶擦得干干净净，剪得又细又均。

生:蚕长大了些的时候，我拍下了母亲吩咐“我”把手洗干净，把桑叶擦干，再轻轻均匀地散在匾里。

师:要注意母亲的微笑，课文中写道:“母亲微笑着，把这些小生命抖落在小匾里。”母亲的微笑里满怀着希望，从母亲养蚕给“我们”交学费方面想一想，母亲微笑会说些什么？能给拍摄的镜头配上几句话吗？

生:母亲微笑着说:“我一定要养好这些蚕，让孩子们能上学读书。”

生:母亲微笑着说:“蚕儿啊！你快快长大吧！”

生:母亲微笑着说:“蚕宝宝啊！孩子们的学费全靠你了啊！”

师:一心为了孩子，多么可敬的母亲！让我们有感情地朗读第3、4自然段。

(指导学生读好“微笑着”“干干净净”“又细又均”“一片片”“轻轻地均匀地”等词语。)

师:谁说说你还选了哪些镜头。

生:我拍下了母亲“养蚕辛苦”的镜头，母亲晚上起来添桑叶，闪闪的烛光照着她的脸，脸上有皱纹，很慈祥。

师:(出示课件)为什么要拍下皱纹？

生:这能说明母亲养蚕很辛苦，老了。

生:我还拍下蚕快上山时,母亲每夜起来两次,添桑叶,大捧大捧地清蚕沙,很累,头上渗着汗。

师:谁还能说一说你拍下来的镜头。

生:我还拍下了母亲对“我”和姐姐轻轻说话的样子,还有两鬓的银丝。

生:母亲的两鬓又添了一些银丝,因为母亲年年养蚕,很辛苦,有了白头发。

生:母亲养蚕,为了孩子,一年又一年,越来越老了,所以我认为这组镜头很有意义。

师:望着母亲两鬓的银丝,“我”有多少话要对妈妈讲啊。“我”对妈妈会说些什么?

生:妈妈,我一定好好读书,你就看我们吧!

生:妈妈,这学费真是来之不易啊!您为了我们读书,太辛苦了。您真是我们的好妈妈!

生:妈妈,我作为你的孩子,我要对你说:“谢谢您,妈妈。”

生:妈妈,让我为您唱支歌吧!(生唱《世上只有妈妈好》。)

……

评析 情感深深地渗透在文本中的每一个词语,每一个句子,甚至是每一个标点之中。适度拓展要基于文本,不能背离文本价值取向,立足文本的拓展最精彩,最灵动!只有抓住文本中的关键词句,讲清内涵和意蕴,让学生“披文入情”,体会文章的“味”,做到对关键词句“知根知底”,才能与作者感情共鸣。本环节中,作者巧妙利用“抓关键词——当摄影师——拍感人景”的设计,既抓住了“微笑着”“干干净净”“又细又均”“一片片”“轻轻地均匀地”等关键词语,又潜移默化地领会了母亲的勤劳、善良,一心为孩子的品质,仿佛是在放电影似的一幕一幕向孩子们展示母亲的淳朴形象。

“抒情”——引动深情诵读

案例3:《郑成功》

教学苏教版小语第九册《郑成功》的第三小节时,引导学生有感情朗读郑成功的话语:郑成功慷慨激昂地说:“台湾自古以来就是中国的领土,绝不允许侵略者横行霸道。我们一定要收复祖国的宝岛台湾!”

学生试读这一句。(没读出感受。)

师:到底怎样读才是“慷慨激昂”呢?请同学们再读一读这一节前面的内容,看一看郑成功此刻在哪儿,心情怎样?

学生读课文,抓住了郑成功的“临风眺望”。

师:郑成功眺望哪里?想些什么?心情如何?

学生1:他眺望台湾海峡,想到台湾被荷兰侵略者占领,应该把侵略者赶出台湾,使台湾回到祖国的怀抱,他心里很激动。

学生2:他的目光似乎透过台湾海峡看到了被侵略者占领的台湾岛上,看到台湾人民被奴役,饱受疾苦,他心里很难受。

学生3:他眺望着大海,想到应该把人民从痛苦中解脱出来,应该带兵赶走侵略者。海中波涛汹涌,他心潮澎湃。

……

师:是啊,他心潮澎湃,他想到台湾人民在受苦,他下定决心要收复台湾,赶走荷兰侵略者。请同学们怀着这样的感受再读这一句。

学生纷纷练读,很投入,很有感情。

评析 人物的话语,是人物内心情感的表达。要走进人物心灵的深处,深刻地体会人物的内在情感,方能引动发自内心世界的深情诵读。教学中,教师要深刻地挖掘教材的内容,抓住"动情点"适度拓展,无形放大,灵活地处理,巧妙地引导,变抽象为直观,引导学生进入教材情境,与文中人物进行心灵的碰撞。本教学环节中,教师在学生读不出的时候,灵活地引导学生联系上文,结合荷兰侵略者强占台湾、台湾人民惨遭奴役,抓住"临风眺望"这一动情点来体会郑成功的痛心、激动、仇恨的复杂情感以及一定要收复台湾的决心。学生的内心与文中人物的内心产生共鸣,合而为一,"抒情"自然迸发,读自然生动、精彩。

"泻情"——引领角色体验

案例4:《十里长街送总理》

师:当时究竟是怎样一种情景呢?你们都出生在敬爱的周总理逝世以后,没有目睹那催人泪下的场面,但是电视屏幕却可以把我们带到1976年1月11日的长安街上。

(播放亿万人民群众在长安街上迎送总理灵车的实况录像。)

师:你们刚才看到的就是当时的真实场面。同学们,假如你就是站在为总理送行队伍里的红领巾,当看到灵车载着总理的遗体渐渐远去的时候,会怎么想、怎么说、怎么做呢?

生:(泪流满面地)我会追着总理的灵车跑得很远,很远。一边跑,一边喊:周总理啊,您怎么这么早就离去了,我们不能没有您啊,全国人民不能没有您啊!

生:(深情地)敬爱的周总理,我们不会忘记您对我们少年儿童的关心。不会忘记您在生与死的危急关头，把生的希望送给别人，把死的危险留给自己。

生：(泣不成声地)我要对总理说，我长大了要当一名作家，我要写一本书，让全中国、全世界的人都知道我们敬爱的周总理的丰功伟绩！

评析 叶圣陶先生曾说过："作者胸有境，入境始与亲。"根据文本特点，创设情景，让孩子"角色换位"入情入境地说一说，演一演，辩一辩，通过角色体验把"蓄积"的情感尽情地抒发出来。这种适度拓展是文本在孩子心中个体化的延伸，更是学生情感的一种释放。这教学环节把学生带入那悲壮的场面中去，巧妙地引导学生置身于十里长街送总理的行列中，激发学生把爱总理、怀念总理的思想感情升华到更高层次，学生那充满真情的话语是内心世界的流露，是可信的，真挚的。

"融情"——引发情感升华

案例 5:《十里长街送总理》

师：现在请同学们快速读课文第 3 自然段，看人们在这时想到了什么？出示投影：

a. 就在这十里长街上，我们的周总理____________________。

b. 陪着毛主席____________。

c. 看到他____________。

d. 然而今天____________。

生 1：就在这十里长街上，我们的周总理迎送过多少位来自五洲四海的国际友人。

生 2：周总理陪着毛主席检阅过多少次人民群众。

生 3：人们常常幸福地看到周总理，看到他矫健的身躯，慈祥的面庞。

生 4：然而今天，他静静地躺在灵车里，越去越远，和我们永别了！

师：人们想到了这些，同学们，你们想到了什么？看下面练习，联系以前学过的和你知道的内容：

e. 我想到了 ……………………………………………………《温暖》

f. 我想到了 …………………………………………………《一夜的工作》

g. 我想到了 ………………………………………………《难忘的泼水节》

生 1：我想到了时时刻刻关心别人的周总理！

生 2：我想到了把所有的爱都献给了他人的周总理。

生 3：我仿佛看到了正在忘我工作的周总理！

生 4：为中华崛起而读书的周总理为了祖国操碎了心！

生5:我想到了与人民心连心的周总理!

生6:周总理时刻关心着人民群众的疾苦。

师:对,我们体会到了总理生前的伟大,他不仅属于中国人民,也是属于全世界人民的,他的身后哀荣正是同这种生前的伟大联系在一起的。今天,他音容宛在,人却长辞。

评析 一篇课文往往只能描述一段历史,一个故事,一个场景……无法让孩子们从更开阔的视野去了解大千世界。教者要尽一切可能去拓展孩子的视野,让孩子明白得更多,更透彻!本环节中,教者把孩子们已了解的更多的周总理的故事有机地融为一体,让孩子们眼前豁然开朗。一位热爱生活,热爱祖国,时刻与人民心连心,为了祖国日理万机的总理形象栩栩如生地展现在孩子面前,此时此刻,人们的悲痛顺理成章,作者的"情"与孩子的"情",融为一体,引发了孩子情感的升华。

总之,语文课是一片情感的花圃,一个情感的世界,更是一块充满喜怒哀乐的情感天地。情感教学过程中,"蓄情""知情""抒情""泻情""融情"五情有机相融,相辅相成,与文本主人公、作者、编者"心有灵犀",方能轻轻拨动孩子的情感之弦,奏响语文课的情感交响曲。

阅读教学

《林冲棒打洪教头》课堂实录

执教：江苏省丹阳实小特级教师　张学伟

点评：江苏省镇江市教研室　丁东全

第一课时

一、谈话切题

师：上课之前，我想先问问大家，今天我们要学的这篇课文和你平常学的文章有什么不一样的地方？（文白间杂，有些拗口，不太好懂。）

师：对。这是一篇古代人写的故事，它选自我国古代四大名著之一的——

生：《水浒传》。

师：关于《水浒传》，你们有什么了解？（学生自由谈。）

师：我来考考你们——《水浒传》108位好汉中哪个力气最大，倒拔垂杨柳的是谁？（花和尚鲁智深。)喝了十八碗酒,上山打死老虎的是谁?(行者武松。)长得像黑铁塔一样,手持两把大斧子的是——(黑旋风李逵。)《水浒传》就是描写八百多年前北宋徽宗年间宋江等英雄起义的故事,书中刻画了108位栩栩如生、个性鲜明的英雄。今天我们要学的是谁的故事?(豹子头林冲。)课文中还有一个主要人物,是谁?

生:洪教头。

(师板书:林冲　洪教头)

二、通读释疑

师:张老师一直有一个担心——五年级的小同学,要学这么一篇古代人写的故事,不知道能不能学好?大家有没有信心?

生:有。

师:好,有信心就好。你们读过课文了吗?

生:读过。

师:读过几遍?用手势表示一下。(学生用手势表示,大部分读过三遍以上。)不错!文章比较长,现在我们先来标一下自然段。(8个自然段。)我请大家再来读一遍,注意做到"三全"——全体同学,读全文,全心地读,不放过每一句话每一个字,这是一篇文白间杂的文章,有不懂的地方,拿笔画出来。开始!放声读!

(学生自由大声读,时而动笔画书。)

师:同学们读得真投入!我最爱听同学们的朗读,谁来读给大家听?有两个要求:1.自由选择一段读;2.读完之后,围绕这一段讲几句话,说什么都行。谁先来?

第1自然段:多音字——差人、押解;解释——发配(同流配一起解释,即流放发配。)

第3自然段:(原因——舌战)解释禁军(由皇宫称为"禁宫",明清时有"紫禁城",让学生猜测禁军是保护皇帝的军队,林冲是八十万禁军武术教头。禁,多音字,情不自禁。)

依草附木——通过简笔画图来解释草依附着树木往上爬。这里是谁说谁?(洪教头说林冲)他的意思谁是草?谁是木?(林冲是草,柴进是木。)

第5、6自然段:第一次比武。

第6自然段:木枷——古代给罪犯戴的。动作演示,有的手还在枷上,林冲的可能手自由点。

第7自然段:第一次比武。

拨草寻蛇——拨和拔,动作演示,林拨草寻蛇,鲁倒拔垂杨柳。字形区别——中间小棍。

踉跄——正音，根据字形的“足”旁及联系上下文理解，站不稳，欲倒未倒。

（此段教学有三个目的：1. 疏通文路；2. 释疑扫障；3. 读通全文。）

三、提领人物

师：五年级的同学，读完一篇文章一定有自己的理解，自己的看法。下面我先请大家来谈一谈，怎么谈呢？有两点要求：1. 肯定要围绕林冲、洪教头两个主要人物来谈；2. 建议你用“虽然……但是……”这样的句式来谈。什么意思呢？就是你说的时候，可以说“虽然林冲……但是洪教头……”，也可以说“虽然洪教头……但是林冲……”；可以谈自己的理解，也可以是看法；可以看书，也可以不看书。好吗？谁先来谈？

生：虽然林冲很谦虚，但是洪教头很瞧不起他。

生：虽然林冲武艺高强，但是他很谦虚。

生：虽然洪教头看上去很厉害，但还是被林冲打败了。

生：虽然林冲几次让着洪教头，但洪教头还是非和他比武。

生：我想说……不是林冲的……

师：说说看。

生：虽然柴进很尊重林冲，但洪教头根本不把林冲放在眼里。

师：你发现他们的态度不一样，是吗？

生：是。

师：很好，你的发现很重要！谁还有什么说的？

生：虽然林冲戴着木枷，但洪教头还是没打败他。

……

（此处学生发言有十几人，几乎涵盖课文全部内容，又有学生初读后的理解汇报，算是对学生初读情况的摸底，以利于下面引导进行再阅读。）

四、再现“舌战”（第3自然段——语言表现心理）

师：同学们说得真好！说了自己的理解，也谈了感受，这是你们自己读过课文后的看法，很好。可光会说还不行，还要会读，会通过读把自己的感受表达出来。下面我们来读书，好吗？相信你们读后，会有更深的感受。我们先来读比武前这一部分，重点读第3自然段。

（学生打开书看第3自然段。）

师:这一段开打了吗?(学生稍顿,似乎不太明白"开打"的意思,师连忙改问)开始比武了吗?

生:没有。

师:(故意地)那要这一段干什么?

生:这一段是写原因。

师:啊,写了比武的原因。

生:我觉得这一段可以说是为后面作了铺垫。

师:大家想想,如果不要这一段,一开始就让他们打,怎么样?

生:好像……不太完整。

生:为什么要打呢?我觉得有点莫名其妙。

师:对了。要我说,其实这一段也写了"打",你们同意吗?

(学生稍顿,一下子未能领悟。)

师:当然了,并没有开始动手,而是——

生(接口)动口。

师:不错!初次见面,谁先挑事儿?

生:洪教头。

师:于是就引起了一场——

生:嘴皮战。

生:口水战。

师:我们洛阳也叫"打嘴仗",就是一场言语交锋。那么,要读好这一段,关键要读好什么?

生:人物对话。

师:好!先自己练读,待会儿我请同学读,看谁能读得让我们像看见真人似的!

(学生情绪已被调动起来,读书较投入。几分钟后,教师请两位同学读,有点情绪,但不理想,还显得平淡。)

师:听他俩读的——你们看见林冲和洪教头了吗?

(学生回答不一。)

师:有点意思,好像还不够。这样吧,我们再讨论讨论——读这一段,关键要把一个人的话读好,这一段就读活了,谁的话?

生：洪教头。

师：如果我现在请你用一个字来形容洪教头的表现，是什么？

生：傲。

生：狂。

师：对。（板书：狂）那么林冲的表现用一个字怎么说？林冲一直在怎样？

生：忍。

生：让。

生：谦。

师（板书：忍）而且洪教头是越来越——

生：狂。

师：林冲是一忍再——

生：忍。

师：我们就来读洪教头的三句话。

（出示投影："大官人今天何故厚待一个犯人？"）

师：谁来读这一句？（请一学生读，有些拘谨。）这个洪教头够不够狂？

生（众笑）：不够。

师：初次见面，第一句话，洪教头就嘲笑林冲是什么人？

生：一个犯人。

师：（对刚才读的同学）你再来读，这回再"狂"点儿。

（学生又读，较好。）

师：有进步！谁再来读？更狂，一点儿都看不起林冲！

生：大官人今天何故厚待一个犯人？（读时突出"一个犯人"。）

师（读）：大官人今天何故厚待一个犯人？（读时"一个犯人"读得稍高，声音拉长）大家跟我读！

（学生齐读，学教师语气。）

师：（点一名学生到台前。）你来读一读，我就是林冲，你瞧不起我，带上表情！

生：（领悟，先白了"林冲"一眼，撇撇嘴，极瞧不起地）大官人今天何故厚待一个犯人？

（学生热烈鼓掌。）

（师出示第二句话："只因大官人好习枪棒，往往流配的犯人都来依草附木，冒称武师，找你骗吃骗喝，你怎么能如此轻信呢？"）

师：谁来读第二句话？

（一学生读，因句子较长，学生只是念字。）

师：不太熟。这一次，洪教头又把林冲当什么人？

生：冒称武师。

生：骗子。

师：刚才他读得像背书，谁能把这些话"说"给大家听？

（再指几名学生读，中间相机引导用"说"的语气，变"读书"为"说话"。）

师：这样吧，冲我来。我就是柴进，谁来对我"说"？可以加上手势！

生（用手指点着"柴进"）只因……你怎么能如此轻信呢？

师：我是谁？

生：柴进。

师：对，柴大官人。告诉你们，我的祖先周世宗柴荣，是宋太祖赵匡胤的大哥，我们柴家和大宋朝赵家很有渊源，连皇上都敬我三分。洪教头这样跟我讲话，好像教训我，他狂不狂？

生：太狂了。

师：大家再来一遍！

（学生齐模仿洪教头样子"说"柴进，再次体会"狂"。）

师：第三句更狂呢！谁来接我读？

（出示："我偏不信他，他敢和我较量一下，我就承认他是真教头。"）

师：（模仿柴进语气）哦，你可别小瞧了他。

生：（模仿洪教头语气）我偏不信他，他敢和我较量一下，我就承认他是真教头。

师：洪教头这句话怎么说的？

生：跳起来说。

师：谁敢跳起来说？

生：（一拍桌子，跳起来）我偏不信他，他敢和我较量一下，我就承认他是真教头！

师：好，活脱脱一个洪教头！我们从头到尾读一遍对话，再体会体会洪教头的"越来越狂"。

（全体学生作"洪教头"，教师作"柴进"，表演对话。）

第二课时

五、演读悟“人”(第 5、6、7 自然段——动作展示性格)

1. 学习第 5、6 自然段(第一次比武)。

师:洪教头那么狂妄,该不该打?

生:该打。

师:我们来读第一次比武。

(出示第 5、6 自然段。)

师:这一段是描写武打场面,可比飞来飞去的武打片精彩多了!你们说,上一段我们读好了对话,这一段重点读好什么?

生:动作。

师:你们先自己读,一边读一边拿笔把写两个人动作的词圈出来,然后,闭上眼想象一下两个人交手的情景,看你有什么话要说。

(学生自读,边读边画,思考,约 5 分钟。)

师:好,我们来交流一下。你想说,想读,都行。谁先来?

(两名学生汇报,有读有说,但不理想。)

师:这样吧,我们还是先讨论一下你们刚才画的词,然后再读再说就会有重点。

(师生讨论圈出:描写洪教头的动词:脱、拿、掂量、耍、喝、吞、猛敲、冲;描写林冲的动词:拿起、交起手来。)

师:我们来商量一下怎么读。这一段洪教头和林冲的表现有什么不同?还用一个字概括,怎么讲?

生:林冲是“稳”,洪教头是“急”。

生:林冲是“忍”,洪教头是“凶”。

(教师板书:急　稳)

师:洪教头的“急”怎么读?

生:读的时候要快一些。

师:声音高还是低?

生:高。

师:林冲呢?

生:低一些。

生:慢一点。

师:好,我们来试着读一读,一位同学读林冲的,一位读洪教头的,看能不能把我们带到比武现场。

(两名学生读,很投入,语气对比明显。)

师:谁还想读?

(又一对同学读,好像要和前一对比赛,更夸张。)

师:读得好!看了两个人的交手,谁有什么想说的?

生:我觉得洪教头挺坏的,林冲又没惹他,他急于想打败林冲,使林冲难堪。

生:我也觉得洪教头很凶,蛮不讲理的。

师:你从哪里看出他急、凶?

生:从……(指投影)"脱、要、喝",还有"冲、吞"这些词。

生:从"恨不得一口吞了"我知道洪教头想早点打倒林冲,出手一定又快又重。

师:(叫一个学生上台)你当洪教头——先怎样?(学生做"脱"的动作,又急又猛。)再怎么样?(生:拿。教师指导他表演从旁边"拿"起"棒"【教鞭】,并在手里"掂量"几下。)我问你们,有一个词写林冲和洪教头都用了,什么词?

生:拿。

师:这两个拿一样吗?谁来表演洪教头怎样拿?

(学生表演快速抓起"棒"。)

师:你为什么那么快?

生:洪教头急,想马上打倒林冲。

师:林冲怎么拿?

(学生表演"林冲"很无奈,慢慢拿起棒。)

师:林冲想不想打?

生:不想。

师:但洪教头一逼再逼,他——

生:只好从地上拿起了棒。

师:虽然都是拿,其实却大不相同。洪教头,(转向扮演"洪教头"的学生)怎么耍?

(学生拿棒舞了几下,众生笑。)

师：没开打呢，他这儿先忙活半天，什么意思？

生：他好像是想吓唬林冲，叫林冲怕他。

师：哦，想气势压人，起作用吗？

生：不起。

生：我觉得他有点好笑，虚张声势。

师：对呀！其实也是心虚的表现。那么，两个同学配合，再读读，体会体会！

（学生结合练读，展示。）

2. 学习第7自然段（第二次比武）。

师：比了几招，林冲跳出圈外，说要认输，柴进给林冲去了枷，开始了第二次比武。这回林冲是真打还是假打？

生：真打。

师：（板书：棒打）我们就来读最精彩的第二次比武。这一段除了读，你们还想怎么样？

生：还想演。

师：演？可没那么容易！你们先认真读一读，看看这一段两人比武，打了几个照面？各用了什么招式？揣摩揣摩怎么表演。

（学生自读，有些学生已完全进入情境，边读边比划，忘记了还有许多老师在听课。）

师：好，先请同学来谈谈，两人交手，打了几个照面？

生：三个照面。

师：大家同意吗？

生：同意。

师（对刚才的同学）那么请你来当一下武术指导，说说每个照面怎么打。

生：第一个照面……（学生似乎记不住，有些迟疑，教师连忙把桌上书递给他）洪教头摆了个"把火烧天"的架势，林冲还了个"拨草寻蛇"。

师：对，各摆了一个造型，这也叫亮相，先吓唬吓唬对方。（众生笑）接下来呢？

生：洪教头就这样……（学生做个劈头打的姿势）打林冲，林冲闪了一下。

师：啊，洪教头一打，林冲一退，这是第二个照面。最后呢？

生：最后，洪教头还没站稳，林冲一扫，洪教头就被打翻了。

师：真是林冲一扫，洪教头就倒！（众生笑）说得挺热闹，谁敢站起来读，把两个人物读得活灵活现的，把这个场面读活！

（师出示第7自然段，已经过处理，分成三层，即三个照面。一个学生站起来读。）

师：谁再来读一读？洪教头更急，林冲更稳，比第一次比武惊险多了！

（又一个学生站起来读，写洪教头的句子快，写林冲的句子慢，较明显。）

师：读得不错。（对众生）我提个建议，有句话叫说时迟——

生（接）：那时快。

师：所以我们要把紧张的气氛读出来。这样吧，男女同学配合读——女同学作林冲，男同学作洪教头，好吗？

生：好。

师：你们说，为了读出洪教头的急，男同学每句话要接得紧，读得快，有些句子后面的句号还要不要停？

生：不要。

师：不要就不要，听你们的。我就闭眼听，看这场面紧张不紧张。

（学生闭气，拿书，准备好。教师喊声“开始”，便闭眼凝神听，学生读得时疾时缓，对比明显，渲染了紧张气氛，突出了人物性格。）

师（睁眼）：这电影看得真过瘾！（问男生）刚才我听“扑”的一声，你们读得挺重，为什么？

生：摔得狠呗！

师：好，再读一遍——“扑”的一声（师夸张读，生笑）……

（生又接读。）

师：谁来表演？

（学生踊跃举手，教师请两位同学上台，分配了角色。）

师：（对众生）要演好可不容易，大家来作指导。（对“洪教头”）你先来摆招式，怎么叫“把火烧天”？

（学生拿教鞭当棒，双手举过头顶。）

师：你手里拿的什么？

生：棒。

师：这是火把，你要干什么？

生（迟疑）：烧天。

师：那应该这样（示意学生棒头朝上），这样打下去有力。你要打他哪儿？

生：打他头。

师（对众生）：洪教头这人怎么样？

生：狠。

生：恶，毒。

师（对"林冲"）：什么叫"拨草寻蛇"？

（"林冲"执棒朝前下方，但棒未动。）

师：他拨草了吗？这样能寻蛇吗？（把住"林冲"的手，来回扫几下棒）这样行不行？

生：行。

师：你打洪教头哪儿？

生：打他腿。

师：为什么不打头？

生：因为……他已经打我头，我要攻他下边。

师：对，打他破绽，林冲聪明不聪明？

生：聪明。

师：另外，林冲想不想伤害洪教头？

生：不想。

师：初次见面，林冲不愿伤洪教头要害。接下来怎么演？

（学生表演："洪教头"劈头一棒，"林冲"一退，"洪教头"差点摔倒，众生笑。）

师：别真的摔！这演员还真入戏！快，第三招！

（"林冲"作势举棒一扫，"洪教头"把棒扔出老远，倒地。）

师：送给他们掌声！

六、品"人"悟"法"

师：我们又美美地读了课文，还演了电影，大家有什么想说的？谁来讲？（学生稍顿，教师启发。）对林冲，对洪教头有什么想说的，或者自己有什么看法都可以，谁来？

生：我觉得洪教头很浮躁，他明明武艺不怎么样，却装腔作势的，最后被打败了，很没面子。

生：我也想说洪教头，他的武艺不如林冲，但也许没差那么远，可他比武前那么心急，肯定要失败的。

师：对，心浮气躁，骄兵必败。

生：我倒觉得洪教头挑战林冲，向高手挑战，是对的。

师：（喜）哦，有了不同看法，谁来谈谈？

生：我也觉得洪教头向高手挑战对。

生：我不同意。洪教头不是向高手挑战，他是把林冲当犯人、骗子，想打倒林冲，显威风。

生：对，洪教头就算向林冲挑战，也不好，他什么态度！

师：说得好！洪教头是真心向林冲挑战吗？

生：不是。

师：他的态度、做法好吗？

生：不好。

师：同学们分辩得有道理！不过，这两个同学勇敢地提出自己的看法，很好。谢谢！

师：（指黑板上的“忍”）我们再来说说林冲，对他的“忍”，你们怎么看？

生：我不赞成林冲的“忍”，我觉得一个人老“忍”不好。忍什么忍，应该果断点！

师：你的意思是该出手就出手？林冲应该是洪教头一挑衅，他上来就打？（生笑）我们想一想，林冲为什么要忍呢？

（学生沉思片刻，开始发言。）

生：我觉得林冲是不想跟洪教头打，他是八十万禁军教头，跟洪教头打没什么意思。

师：为什么？

生：因为高手一般不轻易跟人动手，林冲很谦让。

师：对，林冲不但武艺高，而且——

生：有修养。

生：有胸怀。

师：也叫有武德。还有什么看法？

生：我想林冲可能是因为犯人身份吧，动手打人会惹来麻烦。

生：林冲可能在柴进庄上，不好意思动手。

师：你们是说，林冲注意到当时自己的处境，不好动手？（生点头。）有道理，林冲有没有头脑？

生：有。

师：洪教头呢？

生：没有。

师:我们再来看看洪教头——拿他和柴进比,你们有什么想法?

(学生不语,沉思。)

师(启发):林冲原来是什么身份?

生:东京八十万禁军教头。

师:现在呢?

生:犯人。

师:那么柴进为什么厚待林冲呢?他敬重林冲的什么?

生:敬重他的武艺。

生:我觉得柴进敬重林冲的名气,不当他是犯人,当他是教头。

师:敬重他的本事、人品,对吗?那么洪教头当林冲是什么人?

生:犯人、骗子。

师:他看重的是林冲的什么?

生:当官。

生:地位。

师:就是身份。哎,你们想,假如今天来的林冲不是犯人,而是八十万禁军教头,洪教头会向他挑战吗?

生:不会,他会讨好林冲。

生:他巴结还来不及呢!

生:我认为也不一定,他也许还会挑战。

师:为什么?

生:他还以为是冒充的呢!

师:他只敢跟假的打!(众生笑)其实,正像同学们刚才所说的,洪教头向高手挑战,本身对不对?

生:对。

师:但能不能那么傲,那么狂?

生:不能。

师:好,同学们讲了那么多,谁看过《水浒传》?

(许多学生举手。)

师:林冲还有哪些故事?

（生讲有“白虎堂”“野猪林”“风雪山神庙”“逼上梁山”等故事。）

师：同学们知道这么多！我问你，当林冲妻子被高衙内调戏时，他怎么做？

生：忍。

师：别人陷害他入狱，他怎么做？

生：忍。

师：野猪林遇险，有人要害他，他怎么做？

生：忍。

师：这就是一忍再忍。但最后风雪山神庙，林冲还忍吗？

生：不忍了。

师：一个字——杀。再联系本文这个故事，你有什么发现？

生：我觉得林冲都是一忍再忍才出手的。

生：故事的前后有点像。

师：真不简单！其实，这就是林冲的性格（指板书“忍”），忍无可忍才果断出手，而且又准又狠！“棒打洪教头”这个故事就是林冲性格的一个缩影。你们说，写一个故事就暗示了林冲一生的命运，这个作者高不高？

生：高。

师：还有更高的呢！这篇文章还有许多精彩的地方，我们还来不及品味，你们下去再读一读，字里行间都不要放过，一定会有更深的体会。记住，好文章是百读不厌的。我还给你们介绍，在《水浒传》后文《林冲风雪山神庙》中，写“那雪下得正紧”，一个“紧”字不光写雪大，而且预示林冲的处境危险，形势很紧。你们说，绝不绝？

生：绝。

师：好，就谈到这里。哎，这篇文章的主人公是林冲，为什么作者用大段笔墨写洪教头呢？

生：反衬（对比）。洪的狂衬托林的让（忍），洪的急衬托林的稳，洪的凶衬托林的善（仁）。

师：学了这一课，关于读书，你还有什么启发？

生：我学到读书要读好，有感情，很重要。

生：我觉得读书要进入角色。

生：读书要从中受到启发。

师：很好，读好，有感情，受启发。如果你对书中的人或事有什么看法，敢不敢讲？

生：敢。

师：对。今天做有想法的读者，明天就是有思想的人！下课！

板书：

林冲 棒打 **洪教头**

忍 狂

稳 急

善 凶

总评："以读为本"是本节课的基本特征。语文是一门实践性很强的课程。阅读课里的主要实践活动就是读书。因此，阅读教学的第一要务就是读书，在读书实践中，培养学生独立阅读的能力，积累语言，积淀语感。张老师的这堂课就是一堂学生在教师引领下的自主读书课。其主要特点有三：

一、找准发展的起点，体现一个"快"字。

张老师没有把一般的读通读顺课文作为教学的起点，而是把学生课前"读过几遍课文"作为重要的认知基础。首先引导学生整体把握全文，初步感受人物形象。然后，一步到位，提出"会通过读把自己的感受表达出来"的新目标、高要求。这个要求看似有违常理，其实合理。《林冲棒打洪教头》节选自中国古典文学名著《水浒传》，其故事内容可谓家喻户晓，耳熟能详。高年级学生的认读能力和理解水平也发展到一个新的阶段。按部就班从读通读顺起步，从梳理文章内容入手，必然挫伤学生学习的积极性。张老师直截了当地提出"会通过读把自己的感受表达出来"的要求，加快了教学进程，满足了学生求新、求异，乐于接受挑战的心理，保证了全体学生的积极参与，提高了课堂教学效率，促进了学生的发展。

二、合理取舍教学内容，体现一个"精"字。

语文课堂教学"费时低效"由来已久。精读不精是重要原因。一篇课文，可教可学的内容很多。而课堂教学时间是个常数。如何让学生在有限的课堂学习时间里获得最大的发展，这就需要老师不仅要明确教什么，更要敢于作不教什么的决断。所谓，有"舍"才会有"得"；有所不为，才能更好地有所为。张老师敢于"舍"，善于"取"，"舍"去了学生自己能解决的，"舍"去了今天不必学的，明天学生自己会的，直"取"重点的精华部分。张老师把"打嘴仗"中人物的语言和"比武"中人物的动作作为教学的重点。引导学生品味文中的关键词句，由外在的语言、动作深入人物的内心，用心揣摩，人物形象在学生心目中逐步丰满、立体,人物性格逐步明晰。因为教学重点明确,教学力量集中,所以学生读得充分,悟得到位。因此,可以说,张老师对待精华部分,又是舍得花时间、花气力的。

三、充分尊重学生主体,体现一个“导”字。

综观张老师的这堂课,充分体现了“为学而教”的思想。课程标准指出,“阅读是学生个性化的行为,不应以教师的分析来代替学生的阅读实践。应让学生在积极的思维和情感活动中,加深理解和体验”。在这堂课里,教师幽默、风趣的语言,循序渐进、逐步深入的教学设计,使学生学习的主动性、积极性得到充分发挥,他们在充分地读、自由地说、尽情地演的过程中,理解语言文字,感受人物形象,把握人物性格,初步领略到古典文学名著的艺术魅力。而在学生学习的全程中,始终都离不开教师的“导”。张老师是“该出手时就出手”。教学开始,张老师告诉学生“要学这么一篇古代人写的故事,不知道能不能学好?大家有没有信心?”这是导向自信;学习过程中,商量重点,商讨学法,这是导向自能;学生遇到难点,教师精当讲解、巧妙点拨、示范朗读、参与表演,这是导向成功;课文学习结束,展示名著魅力,这是导向发展;课堂结尾“今天做有想法的读者,明天就是有思想的人”这是导向自立。

《景阳冈》课堂实录

一、快板引入,梳理文路

1. 师说山东快书

嘟哩个嘟,嘟哩个嘟,
嘟哩个嘟哩个来哩个嘟!
闲言碎语不要讲,
表一表山东好汉武二郎!
那武松学拳到过少林寺,
功夫练到八年上。
这一天,思念亲人回家乡。
中途经过景阳冈,

那山上，斑斓猛虎把人伤，
赤手空拳打老虎，
为民除害把名扬！

2. 师生交流

师：这段话说的是谁？

生：武松。

师：什么事？

生：打虎。

师：打虎之前干了什么？

生：喝酒。

师：喝完酒之后干了什么？

生：上山冈。

师：这篇课文按照顺序讲了第一是什么？

生：喝酒。

师：第二是什么？

生：上山。

师：第三是什么？

生：打虎。

师：这篇课文文白夹杂，是古代的白话小说，我先考考你们——大虫是什么？

生：老虎。

师：什么是吃酒？

生：喝酒。

师：什么是筛酒？

生：倒酒。

师：呵呵呵，都懂啊。这我就放心了。

二、喝酒——研读语言，体会“倔犟”

1. 体会喝酒——酒量大，动作爽

师：好！我们先来看武松喝酒。武松喝酒与众不同，先问一个问题，一般人喝酒喝多少，谁知道？你说。

生1：一斤五两。

生2：二两。

师：一般人可以喝二两到半斤，半斤酒用碗盛大概也就是一碗，古代的酒度数比较低，一般人可以喝到三碗，武松喝了几碗？

生：十八碗。

师：对，十八碗酒！（出示课件：十八碗酒）相当于六个人的酒量！对不对？

生：对。

师：多大的酒量！我们再来看一看武松是怎么喝酒的。我问你们，见过人喝酒吗？

生：见过。

师：他们喝酒一般怎么喝？（作势：拿起酒杯）

生：他们一点点喝。

生：有时还咂咂嘴，品味品味。

师：对，慢慢地喝，慢慢地品。我们再来看武松，十八碗酒他都是怎么喝的？

生：一饮而尽。（教师出示课件：一饮而尽）

师：连起来，一起读！

生：十八碗酒一饮而尽！

2. 体会语言——豪爽、倔强的性格

师：这就是武松的喝酒——多不多？爽不爽？喝酒的中间还不只是喝酒，还在讲话，我们来读一读武松和店家的对话。（出示课件对话）这样吧，同桌两人一人读武松的话，一人读店家的话，先来练一练。

【出示课件：

武松（敲着桌子）："主人家，怎么不来筛酒？你如何不肯卖酒给我吃？"

店家："客官，你应该看见，我门前旗上明明写着'三碗不过冈'。"

武松（奇怪地）："怎么叫做'三碗不过冈'？"

店家（得意地）："我家的酒虽然是村里的酒，可是比得上老酒的滋味。但凡客人来我店中，吃了三碗的，就醉了，过不得前面的山冈去。因此叫做'三碗不过冈'。过往客人都知道，只吃三碗，就不再问。"

武松（笑）："原来这样。我吃了三碗，如何不醉？"

店家:“我这酒叫做‘透瓶香’,又叫做‘出门倒’,初入口时只觉得好吃,一会儿就醉倒了。”

武松(从身边拿出些银子来):“别胡说!难道不付你钱!再筛三碗来!”】

师:我们来读——谁要当武松?你来当武松,好吧?你再选一个店家,一起来表演当时的场景,开始!

生1:主人家,怎么不来筛酒?你如何不肯卖酒给我吃?

生2:客官,你应该看见,我门前旗上明明写着“三碗不过冈”。

生1:怎么叫做“三碗不过冈”?

生2:我家的酒虽然是村里的酒,可是比得上老酒的滋味。但凡客人来我店中,吃了三碗的,就醉了,过不得前面的山冈去。因此叫做“三碗不过冈”。过往客人都知道,只吃三碗,就不再问。

生1:原来这样。我吃了三碗,如何不醉?

生2:我这酒叫做“透瓶香”,又叫做“出门倒”,初入口时只觉得好吃,一会儿就醉倒了。

生1:别胡说!难道不付你钱!再筛三碗来!

师(问大家):听完了吧?

生:听完了。

师:他们两个谁读得像?

生1:武松!

师:你给店家提个意见。

生1:没表情。

师:店家好像不是在讲话,而是在念书。不过台词比较多,我们表示谅解,请坐!我们看扮武松的同学——他很留心,一边读一边做动作,把括号里的内容都表现出来了,真好!但是后面有个动作不对,“武松奇怪地说”,这个同学挠挠头,我怎么看怎么像孙猴子!(学生笑)再请一组试一试,请一组女同学,你来,扮演店家,再选一个武松,开始!

生1:主人家,怎么不来筛酒?你如何不肯卖酒给我吃?

生2:客官,你应该看见,我门前旗上明明写着“三碗不过冈”。

生1:怎么叫做“三碗不过冈”?

生2:我家的酒虽然是村里的酒,可是比得上老酒的滋味,但凡客人来我店中,吃了三碗的,就醉了,过不得前面的山冈去。因此叫做“三碗不过冈”。过往客人都知道,只吃三碗,就不再问。

生1:原来这样。我吃了三碗,如何不醉?

生2:我这酒叫做“透瓶香”,又叫做“出门倒”,初入口时只觉得好吃,一会儿就醉倒了。

生1:别胡说!难道不付你钱!再筛三碗来!

师:这个女武松怎么样?

生:好!

师:给她们鼓鼓掌!下面一起来,你们都做武松,我做店家,但要注意,桌子如果敲坏了,校长要找我的,所以我们不要太使劲好吧,表现出来就可以了。开始!

生齐(敲着桌子):主人家,怎么不来筛酒?你如何不肯卖酒给我吃?

师:客官,你应该看见,我门前旗上明明写着“三碗不过冈”。

生齐:怎么叫做“三碗不过冈”?

师(指导):很奇怪地问我,“怎么叫做三碗不过冈”?

生齐(奇怪地):怎么叫做“三碗不过冈”?

师:我家的酒虽然是村里的酒,可是比得上老酒的滋味。但凡客人来我店中,吃了三碗的,就醉了,过不得前面的山冈去。因此叫做“三碗不过冈”。过往客人都知道,只吃三碗,就不再问。

生齐:原来这样。我吃了三碗,如何不醉?

师:没笑!再来!

生齐(笑):哈哈哈!原来这样。我吃了三碗,如何不醉?

师:我这酒叫做“透瓶香”,又叫做“出门倒”。初入口时只觉得好吃,一会儿就醉倒了。

生齐(作势从身边拿出些银子来):别胡说!难道不付你钱!再筛三碗来!

师:掏钱!(学生笑)最后一句再来,有点不耐烦了!

生齐(不耐烦):别胡说!难道不付你钱!再筛三碗来!

师:我们看,这个过程——武松一直在干什么?

生:喝酒。

师:不是喝酒。

生:叫人筛酒。

师:叫人筛酒就是要酒,对不对?

生:对!

师:第一次他敲着桌子说“快来筛酒”,第二次他奇怪地问“怎么叫做‘三碗不过冈’”,第三次他笑着说“哈哈!我可不醉”,第四次,干脆直接把钱拿了出来“别胡说,给你钱”。是这个意思吧?

生:是!

师:这一段对话很精彩,但不能光看表面——谁说说,从这样一个要酒的过程当中,你看到一个怎样的武松?你说。

生:着急。

师:对,性子急,你说。

生:千杯不醉。

师:千杯不醉,酒量大呀,你说。

生:很凶!

师:凶?很凶吗?

生:不凶!

师:敲了一下桌子,还给钱——这个算很凶吗?(不算)应该说武松性格很——

生:直率。

生:豪爽。

师:对,还看出怎样的武松?你说。

生:迫不及待。

生:性格急,非要喝酒。

师:非要喝酒,人家不给,说三碗就醉了,他非要喝,对吧?

生:对!

师:武松的脾气怎么样?

生:倔犟。

师:对!倔犟——你不让喝,我非喝!从这一段的描写当中,我们看到一个倔犟的武松,又是一个酒量很大的武松,对不对?(板书:倔犟,酒量)

生:对!

三、上山——研读心理,体会“犹豫”

师:这一段我们读了武松和店家的对话。武松吃了十八碗酒,然后要上山。店家不让他上山，他执意上山。可是上山之后，武松看到这样一个官府的榜文，一齐读！

【出示：近因景阳冈大虫伤人，但有过往客商，可趁午间结伙过冈，请勿自误。】

生读：近因景阳冈大虫伤人，但有过往客商，可趁午间结伙过冈，请勿自误。

师；什么是大虫？

生：就是老虎。

师：你把这段话解释一下。

生1：就是说，这个时候老虎伤人，如果有客商经过，要结伙过冈，就是结伴。

师：对，结伴，还要趁什么时候？你来解释。

生2：还得趁午间（师插嘴：老虎午间容易打盹），就是说，最近老虎伤人，单身的一定要找个伴，还得趁午间才能过冈。

师：请你解释最后一句话——请勿自误。

生2：请别犯规。

师：再请同学说。

生3：请别自己伤害自己的性命。

师（用遥控指"勿"）：请勿自误。这个"勿"是什么意思？

生：不要。

师（用遥控指"误"）：这个"误"呢？

生：错误。

师：应该是耽误，请不要自己耽误自己，就是自己送死自己负责，是这个意思吧？

生：是！

师：其实他就告诉我们，这个时候景阳冈上有什么？

生：老虎！

师：要在什么时候过冈？

生：午间。

师：要多少人过冈？

生：三二十人。

师：不要一个人，是这个意思吧？

生：是。

师：武松读出了八个字，一齐读！

生:山中有虎,单身莫行!

师:看到这样的公文,武松心里有了想法,请你拿出笔,打开书,读第4、5、6自然段,把武松心里的想法画出来,看看都想了什么?

师:一共有几处,都要画出来。

(学生自己读,一边批画。)

师:一共有几处,我请同学来读。你来读第一处。

生1:这是店家的诡计,吓唬那些胆小的人到他家里去歇,我怕什么!

师:说说,你怎么认识这句话的?

生1:武松不怕有虎。

师:武松相信山上有虎吗?

生:不相信!

师:好,再看后面。

生2:转身回酒店吧,一定会叫店家耻笑,算不得好汉,不能回去!

师:相信山上有虎吗?

生:相信!

师:相信,好!

生3:怕什么?只管上去看看怎么样。他半信半疑,好像不怕虎。

师:还有吗?还有一处,你来。

生4:哪儿有什么大虫?是人自己害怕了,不敢上山。

师:来,我们看。有这样几处表现,我们先来读第一处,看到公告,武松想——(一齐读!)

生:转身回酒店吧,一定会叫店家耻笑,算不得好汉,不能回去。

师:然后他细想了一回——

生:怕什么?只管上去,看看怎么样。

师:武松又自言自语——

生:哪儿有什么大虫!是人自己害怕了,不敢上山。

师:好,一共有几处描写?

生:三处。

师:这三处或者四处描写,我问你,武松心里其实在干什么?你说。

生1:想回店家那里。

师:想回去。你说。

生2:害怕。

师:害怕。你说。

生3:自己安慰自己。

师:自己安慰自己。你说。

生4:给自己壮胆。

师:想回去、害怕、自己安慰自己、给自己壮胆——大家说了这么多。我们来看——

【出示:武松看了,笑道:“这是店家的诡计,吓唬那些胆小的人到他家里去歇。我怕什么!”

(武松)想:“转身回酒店吧,一定会叫店家耻笑,算不得好汉,不能回去。”

细想了一回,说道:“怕什么,只管上去,看看怎么样。”

自言自语道:“哪儿有什么大虫!是人自己害怕了,不敢上山。”】

师:我们来细细地品一品——读第一句!

生:“这是店家的诡计,吓唬那些胆小的人到他家里去歇。我怕什么!”

师:这时,武松并不相信真的有虎。但是,当他看到了官府的公告,第一个念头是要干什么?

生:回去。

师:一齐读这句话。

生:转身回酒店吧。

师:干脆回去算了,对不对?

生:对。

师:害怕了吧?武松也怕老虎吧?但是转念一想,读。

生:一定会叫店家耻笑,算不得好汉,不能回去。

师:心里害怕不害怕?

生:害怕。

师:但是他要做什么啊?

生:好汉!

师:要做好汉,为了面子,所以武松回去不回去?

生:不回去!

师:再读后面,读。

生:怕什么?只管上去,看看怎么样。

师:这句话是干什么?你说。

生:安慰自己。

师:安慰自己,自己安慰自己,怕什么,只管上去,看看怎么样,也许今天碰不到老虎呢?对吧。再看后面——读!

生:哪儿有什么大虫!是人自己害怕了,不敢上山。

师:什么意思?你说。

生:是说这里没有大虫,是人自己害怕不敢上山。

师:到底有没有?

生:有。

师:武松信不信?

生:不信!

师:有官府榜文,不信?

生:信!

师:信,信干什么还说哪儿有大虫啊?你说。

生:他在给自己壮胆。

师:给自己壮胆。你说。

生:他是在给自己心里安慰,省的害怕。

师:自己安慰自己,自己给自己壮胆,你看,害怕的武松,要面子的武松,有侥幸心理想碰运气的武松,自己给自己壮胆的武松,是这样吧?

生:是。

师:整个过程在上山和下山之间,武松其实一直在干什么?一个词——

生:犹豫。

生:矛盾。

师:是上山还是下山?是不是一直在犹豫?在矛盾?

生:是。

师:但武松最后还是——

生:上山。

师:说明他有什么?

生:胆量。

师:哎,叫我说——文章这样写我觉得有问题。如果让我来写,我就说,武松看到公告上面说:山上有虎,单身莫行。武松就说"山上不是有虎吗?我不怕,我上去把老虎打死",这样好吧?

生:不好。

师:你说。

生1:这样子太直白了。

师:不是太直白了。你说。

生2:没有人打过这只大虫,他可能没有胆量去打。

师:是啊,武松以前打过老虎吗?

生:没有。

师:在这之前他有打虎的经历吗?

生:没有。

师:最多打过猫!(学生笑)所以,他可能不可能说一听说山上有老虎就说我上去打死它,可能吗?

生:不可能。

师:我这样写真实不真实?

生:不真实。

师:他把武松写得害怕了,写得要面子,写得自己安慰自己,这样写真实吗?

生:真实。

师:真实!这就是武松的犹豫,武松的胆量!(板书:犹豫,胆量)

四、打虎——研读动作,体会"慌乱"

师:不管怎么说,武松还是上山了,最精彩的打虎场面开始了。我们来读打老虎的场面。先请一个同学来读打虎的第一段。你来读。

生1:说时迟,那时快,武松见大虫扑来,一闪,闪在大虫背后,大虫背后看人最难,就把前爪搭在地上,把腰胯一掀,武松一闪,又闪在一边,大虫见掀他不着,吼了一声,就像半天起了个霹雳，震得那山冈也动了。接着，把铁棒似的虎尾倒竖起来一剪，武松一闪，又闪在一边。

师：不错，这个同学读得很流利。谁再来读一遍，我还想听一听，这边的同学，你来读。

生2：说时迟，那时快，武松见大虫扑来，一闪，闪在大虫背后。

师：你读得很流利，可以再有点提高，改进一下吧？怎么改进？你来试试。

生2：说时迟，那时快，武松见大虫扑来，一闪，闪在大虫背后。

师：你放的是慢镜头吧？（学生笑）我们再来试试。

生2：说时迟，那时快，武松见大虫扑来，一闪，闪在大虫背后。

师：谁来提个建议？这句话怎么读，你来读。

生3：说时迟，那时快，武松见大虫扑来，一闪，闪在大虫背后。

师：五年(5)班的同学都是放慢镜头的吧，来，你来。

生4：说时迟，那时快，大虫见武松扑来。（学生哄堂大笑）

师：大虫见武松扑来？

生（纠正）：武松见大虫扑来，一闪，闪在大虫背后。

师：读得好不好？

生：好！

师：这样读才能再现场景，一起读一遍，要读出武松闪得快！“说时迟，那时快，武松见大虫扑来，一闪，闪在大虫背后。”就读到这里，读！

生：说时迟，那时快，武松见大虫扑来，一闪，闪在大虫背后。

师：你来接着。

生1：大虫背后看人最难，就把前爪搭在地上，把腰胯一掀，武松一闪，又闪在一边，大虫见掀他不着，吼了一声，就像半天起了个霹雳，震得那山冈也动了。接着，把铁棒似的虎尾倒竖起来一剪，武松一闪，又闪在一边。

师：把这句话再读一遍，接着，把铁棒似的虎尾倒竖起来一剪。

生1：接着，把铁棒似的虎尾倒竖起来一剪。

师：你们说大虫的所有动作，都突出了一个字，你说。

生1：快！

师：你说。

生2：猛！

师:你说。

生3:凶。

师:你说。

生4:有力。

师:有力,猛,凶,对不对?

生:对。

师:武松所有的动作是要快还是要慢?

生:快!

师:所以我们要通过朗读把他读出来,待会儿我们再来读,我先问问你,这一段中间,实际上是谁在进攻?

生:大虫。

师:谁在防守?

生:武松。

师:我问你,大虫做了几个进攻动作?你说。

生1:三个。

师:三个,第一个?

生1:扑。

师:第二个?

生1:掀。

师:第三个?

生1:剪。

师:武松做了三次动作,但是这三次动作用了一个字叫什么?

生:闪!

师:好!现在我们明白了,大虫是扑、掀、剪,武松是闪、闪、闪。是这样吧?

生:是。

师(指一个学生):他就是大虫,过来,这就是老虎!今天要演老虎,来,扑的动作不要做了,我请你做一个高难度的动作,叫做掀!你把这句话读一读,你一读就知道怎么掀了,哪一句?大虫背后看人——

生1:大虫背后看人最难,就把前爪搭在地上,把腰胯一掀。

师:好了,开始!

("大虫"来了个 180 度转弯。)

师:他来了个 180 度转弯,是这样吗?

生:不是。

师:你先看前面大虫扑过来,武松往旁边一闪,现在武松在大虫的哪里啊?

生:背后!

师:对,背后,所以它要背后攻击,这个大虫是个高手啊,你现在回头来不及了,怎么办——你琢磨出来没?

生 1:没有。

师:没有琢磨出来,那么,(指另一个学生)你过来。(学生表演"大虫"用腰胯掀的动作。)

师:看到没有?用后腿蹬的,站住!掀完了还不算,还有一个动作更难做,要用尾巴一剪!怎么剪,读这句话。接着,读。

生:接着,把铁棒似的虎尾倒竖起来一剪。

师:他没有尾巴,把手伸出来当尾巴。就这样比划一下就行。这就是尾巴,本来尾巴是耷拉在这里的,现在把它竖起来,从上往下斜着,或者这样,横着扫也行,反正用尾巴剪。是这个意思吧?

生:是。

师:好,你们看,这个同学做的多好!慢慢读,细细读,边读边想象,我们就再现了打虎的场景;我们就知道了,老虎是怎么进攻的。其实,扑掀剪三个动作,我研究了好长时间,我在学校办公室里一直在那里掀。(学生笑)你们看——大虫厉害不厉害?

生:厉害!

师:武松用了一个动作,叫什么?

生:闪!

师:我把它换一个词好吧?换哪个?

生:躲。

师:躲——好吧?

生:不好!

师:为什么不好?你说。

生1:闪的速度很快的。

师:闪的速度快,躲的不快吗?你说。

生2:躲起来好像说明他很害怕大虫。

师:害怕,你说。

生3:躲没说出他怎么躲。

师:你说。

生4:用躲就说明他很胆小。

师:你说。

生5:躲应该事先就躲起来。

师:日本鬼子来了,我们先躲起来,躲起来是什么意思啊?你说。

生1:藏起来。

师:藏起来。现在我们还出来吗?

生:不出来了。

师:武松现在就是大虫一扑,躲起来了再也不出来了,是这样吗?

生:不是。

师:所以他是闪,闪过去就是后面的进攻,这叫以退为进。对不对?

生:对。

师:好,我们再来读一读,你们来读武松好吧?

生:好。

师:我来当大虫,好吧?

生:好。

师:我当这大虫还有点厉害吧?你们先来读,"说时迟,那时快",读。

生:说时迟,那时快,武松见大虫扑来,一闪,闪在大虫背后。

师:大虫背后看人最难,就把前爪搭在地上,把腰胯一掀。

生:武松一闪,又闪在一边。

师:大虫见掀他不着,吼了一声,就像半天起了个霹雳,震得那山冈也动了。接着,把铁棒似的虎尾倒竖起来一剪。

生:武松一闪,又闪在一边。

师:惊险吧?

生：惊险！

师：大虫扑完了，该谁打了？

生：武松。

师：一齐读。"武松见大虫翻身回来，就双手抡起哨棒——"。读！

生：武松见大虫翻身回来，就双手抡起哨棒，使尽平生气力，从半空劈下来，只听见一声响，簌的将那树连枝带叶打下来，定睛一看，一棒劈不到大虫，原来打急了，正打在树上，把那条哨棒折成两截，只拿着一半在手里。

师：好，两句话跟我读一读——"只听见一声响，簌的将那树连枝带叶打下来"。读！

生：只听见一声响，簌的将那树连枝带叶打下来。

师：好，武松动手了吧。可惜，唯一的武器——哨棒断了。这一次武松要赤手空拳面对老虎进攻，我们来看！这一段我来读，但是你们有一个任务，这里面武松做了很多动作，你们边听边把最关键的动作找出来！你们看——喝酒的时候我们研究的是语言、对话；上山的时候，我们研究他的——

生：心理。

师：现在，我们研究他的——

生：动作。

师：很多动作，但是我们要从中筛选出武松打虎的最主要的动作。我们一边读，一边来关注这个动作，好吧？

生：好。

师：那只大虫咆哮着发起性来，翻身又扑过来，武松又一？

生：跳！

师：退了十步远。那只大虫恰好把两只前爪搭在武松面前，武松把半截哨棒丢在一边，两只手就势把大虫顶花皮揪住，往下——

生：按去！

师：顶花皮是哪里？

生：头上。

师(指头上)：这里。那只大虫想要挣扎，武松使尽力气哪里肯放半点松，武松把脚往大虫面盆上、眼睛里只顾乱——

生：踢！

师:那只大虫咆哮起来,不住的扒身底下的泥,扒起了两堆黄泥,成了一个土坑,武松把那只大虫一直按下黄泥坑里去,那只大虫叫武松弄得没有一些气力了,就是一点力气都没有了,武松用左手紧紧地抓住大虫的顶花皮,空出右手来,提起铁锤般大小的拳头,使尽平身气力只顾——

生:打!

师:打了五六十拳,那大虫眼里,口里,鼻子里,耳朵里都迸出鲜血来,一点儿也不能动弹了,只剩下口里喘气。武松有几个关键的动作?第一个是什么?

生:跳!

师:往后跳,第二个最主要的动作是——

生:按!

师:然后他就干什么?

生:踢!

师:揪和按算一个,揪就是按,然后又干什么?

生:打!

师:明白了吧?

生:明白了。

师:大虫一扑过来,往后退,按住了就打,你看这就是武松打老虎的过程,我们抓住几个动作知道了,我来问你,在武松打老虎的过程中,如果我要问你,你觉得武松整个过程的表现怎么样?你说。

生1:紧张。

师:紧张,对。你说。

生2:非常勇猛。

师:勇猛。你说。

生3:又快又猛。

师:很快。你说。

生4:非常不容易。

师:很不容易。你说。

生5:惊恐。

师:惊恐。对,你说武松在这个过程当中,他是不是非常冷静?

生：不是。

师：要不他也不会拿棒打的时候棒就折了，对不对？武松有没有惊慌？

生：有！

师：但是从按——按这个词，武松具有超过常人的气力，如果是你去按，我估计老虎一抬头，你就到树上去了！（学生笑）对不对？但是武松按住它就起不来。所以我们看，从这一段我们看出来，武松的慌乱和武松的力量。是这样吧？（板书：慌乱，力量）

生：是。

师：想不想看看武松打虎的场面？

生：想！

师：注意一边看，一边和课文中的描写对照，感受惊险的场面！

（播放《武松打虎》录像。）

师：惊险吗？过瘾吗？我们再来读一读打虎的场面！你们读，我来闭眼，想象画面！

（学生齐读或者分开对读。）

五、总结拓展

师：真过瘾！好像看见真的一样！哎，你们发现没有，这篇课文写得很有意思，如果我们从头来梳理一下阅读的感受，就会发现——武松酒醉要上山我们的心就怎么？

生：提起来了。

师：后来店家劝他，我们的心又——

生：放下了。

师：结果他不听，我们的心又——

生：提上来了。

师：当他看见了公文，我们以为他要回去，我们的心又——

生：放下来了。

师：结果他非要上山，心又——

生：提上来了。

师：老虎一攻他，他躲过去了，我们放心了；拿起棒一打，折了，我们心又提起来了！整个过程我们的心随着他的描写一起一伏，一提一放！这就是——武松打虎真过瘾，我们读书真揪心！

师(指板书):你们看见没有,第一排我写了这几个字,第一个叫——

生:倔犟。

师:第二个叫——

生:犹豫。

师:第三个叫——

生:慌乱。

师:这些,其实都是我们一般人,普通人身上都有的,对不对?所以这个叫什么?

生:人!

师:但是第二排写武松的酒量,胆量,力量——这是不是一般人都有的?

生:不是。

师:这是?

生:神!

师:清朝有一个伟大的文学家、评论家金圣叹讲了一句话,讲到武松,他说武松是人,也是——

生:神!

师:他有人的——

生:倔犟。

师:神的——

生:酒量。

师:人的——

生:犹豫。

师:神的——

生:胆量。

师:人的——

生:慌乱。

师:神的——

生:力量。

师:这就是《水浒传》最闪光的英雄,千百年来人们最喜欢的好汉!施耐庵浓墨重彩描写的一位亦人亦神的好汉——武松。关于武松,《水浒传》一共有十回书描写,他还有很多故事，谁知道？

生：斗杀西门庆。

生：醉打蒋门神。

生：大闹飞云浦。

生：血溅鸳鸯楼。

师：对。还有大闹十字坡，最后武松上了梁山。同学们，看看武松一生的经历你觉得他只是打了一只虎吗？（学生发言。）对！除了景阳冈的猛虎，人间的恶虎他也打！欺男霸女的西门庆，他——杀！强抢豪夺的蒋门神，他——杀！陷害好人的张都监——杀！武松的一生，就是打虎的一生！这些故事你们随后去读《水浒传》。无限精彩，尽在《水浒传》！谢谢大家，再见！

《天游峰的扫路人》课堂实录

一、存疑——如此描写为哪般

师：同学们都认识我吗？（不认识。）不认识还笑眯眯的！今天是一个陌生的老师给大家上课，我们相互都不了解，是吧？谁知道我是谁？

生：张学伟老师。

师：你怎么知道的？

生：课件上面写的。

师：这位同学真好！一进门，她就四处观察，发现老师的课件上有名字，所以她就获得了这个信息。真好，这就是随时随地观察学习。厉害！向她学习！给她鼓掌！（学生鼓掌。）

师：为了增加大家的了解，我今天不光把真人带来了，还带来了一张很帅的照片，想看吗？

生：想。

师：（指课件上扫路老人的照片）这——就是我的照片。帅吧？

生：啊？

师：啊什么，这是我的照片吗？

生:不是。

师:这个人是我吗?

生:不是。

师:这是谁?

生:天游峰扫路人。

师:对了。那么,拿他和我比,有什么不一样的地方?

生:他皮肤没你白。

师:就是说我白,他黑,对吗?

生:对。

师:你猜猜我为什么这么白,他为什么有点黑呢?

生:我想,是因为你们工作不同吧。

师:具体说说。

生:你看——他是一位扫路人,每天都要在山上扫路,风吹日晒的,皮肤就有点黑了。而您是教师,一般在教室里上课,就显得白一些。

师:呵呵呵,真厉害!这个同学不光看到我们白和黑这个现象,还会联系我们不同的工作环境分析。牛!请坐。谁再来说?

生:他比你老。

师:是吗?你从哪里看出来的?

生:他的头发是花白,而你的头发是黑的。

生:他的脸上皱纹很多,你的脸上没皱纹。

师:不是没皱纹,是皱纹少一些。就是说我比他年轻,是吗?

生:对。

生:他比你瘦。

师:对,我胖他瘦。书上说他瘦有一个词叫什么?

生:清瘦。

师:还有一个词叫什么?

生:瘦削。

师:学的真好,我一说就明白。你们看,刚才同学们讲的我胖他瘦,我白他黑,我年轻他老,这些其实都是讲人的——相貌。【板书:相貌】除了相貌,还有别的不同吗?

生:他拿着一个扫帚,你拿着教鞭。

师:这说明什么?

生:说明你们职业不同。

师:对啊,还有吗?

生:你们穿的衣服不一样。

师:他和我衣服不同。衣服有什么不同?

生:他的已经褪色了,好像有点旧了。

师:我的呢?

生:您的好像还挺新的。比他讲究。

师:不错。那么我问问大家,说我们的衣服不同,这其实是在比较我们的——

生:衣着。

【板书:衣着】

师:现在我们回头来看,刚才你们拿这位老人和张老师做对比的时候,你们是从哪几个方面做对比的?

生:相貌不同。

生:衣着不同。

师:是啊,第一个是我和他的相貌不同,第二个是我和他的衣着不同。衣着和相貌都叫做外貌描写。【板书:外貌描写】

师:书上对这位扫路的老人有两处外貌描写。我们先来看第一处。大家来读。

【出示:我循声迎了上去,及至到了眼前,才看清是一位精瘦的老人。他身穿一套褪色的衣服,足蹬一双棕色的运动鞋,正用一把竹扫帚清扫着路面。】

(生齐读。)

师:这一段话是对他的什么描写?一起说。

生:(齐说)衣着描写。

师:再看第二处,大家一起读。

【出示:借着淡淡的星光,我仔细打量了他:瘦削的脸,面色黝黑,淡淡的眉毛下,一双慈善的眼睛炯炯有神。】

(生齐读。)

师:这一段是对他的什么描写?一起说。

生:(齐说)相貌。

师:第一段是对他衣着描写,第二段是对他相貌描写。书上有两段对他直接外貌描写。哎,我有一个问题——我们老师平常教我们外貌描写,都是相貌和衣着一起写的。要么先写相貌再写衣着,要么先写衣着再写相貌,反正是连在一起写的。对吗?(对。)但课文里这两段话却并不在一起,你们发现没有?

生:发现了。

师:先写了老人的衣着,中间隔了一大段,隔了老远,才又写了他的相貌。这是为什么呢?这个问题,现在我不要你回答。待会我们学完课文再来解决,好吗?

生:好。

二、揭题——巧解课题脉络显

师:(手指课题)现在请大家跟我来看课题,一起大声地读一遍课题。

(学生齐读课题。)

师:文章的题目,就像是它的窗户,或者说是眼睛。那么,看到这个课题,我们首先就知道这篇课文是写什么的?

生:写人的。

(师在题目"天游峰的扫路人"中的"人"字下面画一道直线。)

师:我们都说写人都离不开写事。课文通过一件事来写老人。他写的一件什么事?

生:我到天游峰游览,扫路人请我喝茶。

师:简单说也就是写这个人干什么?

生:扫路。

(师在题目"天游峰的扫路人"中的"扫"字下面画一道波浪线。)

师:除了写老人,写扫路,还写了什么?

生:天游峰。

生:地点。

师:对,这也叫环境,对不对?你们看,从这个题目,我们知道这篇课文是写人的,他是通过扫路这件事来写人的,这个人扫路的地点在天游峰,也就是他的环境。这节课我们就来学习三个问题——天游峰是个什么样的峰?扫路是个什么样的工作?扫路人是个什么样的人?

三、峰“险”——铁丝银丝细思辨

师：我们先看天游峰是个什么样的峰？书上有一段话是专门描写天游峰的，大家把它找出来。

（学生迅速浏览全文，随即逐渐举手。）

师：大家好像都找到了。那么，大家是不是找的一样呢？这样吧，我说预备，你们一起读，如果读得一样，那就是英雄所见略同啦！好，预备——读！

生齐：天游峰——武夷山第一险峰。九百多级石梯，像一根银丝从空中抛下来，在云雾中飘飘悠悠，仿佛风一吹就能断掉似的。

师：我再请一个同学来读这一段描写天游峰的句子。

（一位学生读。）

师：大家都读了，又听这个同学读了一遍。现在，我请你用一个字来讲讲，天游峰这座山峰怎么样？一个字讲。

生：险！

生：峻！

生：高！

生：陡！

师：也就是说这座山好登不好登？

生：不好登。

师：我们就选一个字，哪一个？

生：险。

师：好的，书上有一个字叫——险。【板书：险】

师：我请一个同学再读。这个同学站起来一读，不得了，让我们每个人都感觉到这个峰真高啊，真险。谁来读？

（一位学生读。）

师：（问众生）从他读的，你们感觉——天游峰险吗？

生：不险。

师：谁再来试试。请刚才那位同学推荐一位来读。

（另一名学生读，比较有感情。学生鼓掌。）

师：啃，都鼓掌啊。谁来说说，他刚才哪里读得好？

生：第一句就读出来了，后面的比喻句读得也很好。

师：嗯，我们先来看第一句——你们看过唱戏的没有？人物一出来，唱第一句，必须唱好，因为这叫亮相，必须镇住场。谁再来读这一句？

生：天游峰——武夷山第一险峰。

师：（师范读）天游峰——武夷山第一险峰（突出"第一险峰"）。

生：（学读）天游峰——武夷山第一险峰。

师：就是这种感觉，大家读！

生齐：天游峰——武夷山第一险峰。

师：对。就是这样，很有气势。接着读。

生：九百多级石梯，像一根银丝从空中抛下来，在云雾中飘飘悠悠，仿佛风一吹就能断掉似的。

师：这里有一个地方写得好——你们说，天游峰高不高？

生：高。

师：哪里看出高？

生：九百多级石梯。

师：九百多级石梯，多还是少啊？

生：多。

师：对啊，再读这句——

生齐：九百多级石梯（突出"九百多级"）。

师：真高！天游峰真高！读得好！唉，刚才有同学说，他把那个比喻句读得很好。哪个比喻句啊？

生：像一根银丝从空中抛下来，在云雾中飘飘悠悠，仿佛风一吹就能断掉似的。

师：哦，这一句他读得怎么好呢？或者说，要读好这一句，就要读出什么感觉呢？

生：就是——就是要读出飘飘悠悠的感觉。

师：就是要读的飘一点，对吧？

生：对。

师：谁来飘一飘？

（一生站起来读，师指导她声音轻，用虚声读出飘飘悠悠的感觉。然后全体学生齐读，体会。)

师:还想读得更好吗,你们?

生:想。

师:那么,听老师来读一读。(师读,故意把“银丝”读成“铁丝”。)

(众生举手。)

师:(问一生)你有什么要说的?

生:是银丝,不是铁丝。你读错了。

师(故意的):我读错了吗?

生齐:错了!

师:那么为什么不能说铁丝呢,非要说银丝?

(生思考片刻。)

生:我觉得说银丝好,因为我感觉铁丝黑黑的,不好看。

师:哦,你的意思是说,铁丝显得不美,银丝显得美。是吗?

生:对。

师:是啊,比喻还要注意有美感。你的看法很有见地,不错。谁还有别的看法?

生:我觉得铁丝吧——显得有点、有点那么硬邦邦的。

师:(竖大拇指)真棒!你的感觉真棒!大家说,一般我们都把什么比作银丝啊?

(生不语。)

师:(指指自己的头发)奶奶年纪大了,她的头上又添了一些——

生:银丝。

师:对了。银丝就是白头发。银丝细不细?

生:细。

师:软不软?

生:软。

师:再看看你那个铁丝——比银丝硬多了,粗多了,能飘得起来吗?

生笑:飘不起来。

师:你们到过天游峰吗?

生:没有。

师:我告诉你们吧——天游峰的石梯很窄,因为山势的原因,它修不宽,所以远远望去，就像一根银丝那样，好像还在飘来飘去——天游峰险不险？

生：险。

师：谁再来读一读这一句？

（指两名学生读，比较投入，有感情。）

师：读那个比喻句有什么感觉啊？

生：飘飘悠悠的感觉。

师：我们一起来读这整个一段。

（学生齐读。）

四、扫"累"——爬山更衬扫路难

师：这么陡这么险的天游峰，却有一位老人天天在这里打扫，那么他是怎么样打扫的呢？书上也有一段是描写老人扫路的，大家来找一找。

（生快速浏览。）

【出示：我抬头望了望在暮色中顶天立地的天游峰，上山九百多级，下山九百多级，一上一下一千八百多级。那层层叠叠的石阶，常常使游客们气喘吁吁，大汗淋漓，甚至望而却步，半途而返。可是这位老人每天都要一级一级扫上去，再一级一级扫下来……我不禁倒抽了一口气。】

师：我们一起看写扫路的这段话。谁来读？

（请两位学生来读，老师随机正音。学生自己再读。）

师：听两位同学读了，自己也读了。那我问你们，假如让你来说老人扫路的工作，还是用一个字，你怎么说？

生：累。

生：难。

生：苦。

生：艰。

……

师：我们还是选一个字——选哪个？【板书：累】老师写了一个"累"字——这一段哪些地方可以看出扫路很苦很累？

生：上山九百多级，下山九百多级，一上一下一千八百多级。

（学生齐读。）

师：石梯多不多？

生：多。

师：老人累不累？

生：累。

师：这里有一个问题啊——你们都学过数学的。上山既然是九百多级，你们下山一般也是九百多级啊，一上一下自然就是——

生：一千八百多级。

师：对啊。我们语文老师讲过，写文章要简洁简练，不说废话。可是你看这里，说完上山说下山，说完下山说一共，多啰嗦啊。要是我写，我就写一句——上山九百多级。行了，下上多少，一共多少，你自己算吧。多简洁啊。

生：不行。老师，你那样写的话，我们好像就感觉不到山特别高了。

师：为什么？

生：我觉得这里作者是故意把这些数字都写出来的，这样就强调了石梯很多，山很高。

师：对啊，可是，仅仅是想强调石梯多山高吗？你们再想想。

生：哦——最主要是想说老人扫路很累！

师：重大发现！也就是说，写石梯多山高山陡，其实都是在写什么？

生：写老人扫路的累，苦。

师：真好，我们读一读这句。（生读。）

师：还从哪里看出老人累？

生：气喘吁吁，大汗淋漓，望而却步，半途而返。

师：这些词——写的都是谁？

生：游客。

师：这四个词语——你们都懂吗？

生：懂。

师：好的。那么这样吧，我请同学来解释这几个词。但是，不许说，只许演。一个同学站起来做一个动作，大家一看，就猜到了是哪一个词。这就算解释对了。好吗？

生：（兴奋地）好！

（请一个学生上来，让他在四个词中任意选一个进行表演。该生手摸胸口，做大口喘气状。）

生齐：气喘吁吁！

师：表演成功！一猜就中！谁再来演一个？

（一个学生上来表演——用手擦汗，甩汗。）

师：你们看，他的背上都让汗水湿透了——什么词？

生：大汗淋漓！

（第三个学生上来表演——走到山下，往上看，倒吸一口气，停住脚步。）

师：他表演的是什么？

生：望而却步。

生：半途而返。

（意见不一。）

师：别争了，这样，我们来揣摩一下——我先问问这个表演的同学，你刚才是要表演哪一个词？

生：望而却步。

师：但是表演还不够准确，所以引起了争议。我们看，他首先是来到山下，往山上看，对吧？

生：对。

师：这没有异议。如果要是表演"半途而返"的话，他必须先表演爬山，表示上到半山腰。对吧？

生：对。

师：前面的表演没有问题。问题出在哪里呢？你们看，这个字"却"是什么意思呢？

生：停止。

生：不走了。

生：站住了。

师：都认为是不走了，停下了。是吗？

生：是。

师：这就错了。我告诉你，这个"却"字，不是停止的意思。是比停止还更厉害的。你们猜是什么？

生：（顿悟的）哦，是后退，吓得后退了！

师:对！看到又高又险的天游峰,有的人吓得——

生:后退了！

师:这就是——

生:望而却步！

师:请这个同学再来演一演！

(该生再次表演——看到高山,倒吸冷气,后退几步。学生鼓掌。)

师:再来表演"半途而返"就容易多了！谁来?

(一个学生表演——先爬山,走到半山腰,往上看,然后灰心地返回下山。学生鼓掌。)

师:四个同学表演得真好！你们看,游客中有各种情况呢,(指第一个表演的同学)这个家伙,爬到山顶就气喘吁吁了！(生笑。)

师:(指第二个表演的同学)这个家伙,到了山顶,大汗淋漓,出了一盆汗呢！(生大笑。)

师:(指第四个表演的同学)还有这个家伙,走到一半,就灰心丧气回头了。(生笑。)

师:(指第三个表演的同学)最差的是这个家伙,根本没敢上山。山脚下一看,就吓得倒退了几步。没出息啊。(生大笑。)

师:四个人相比,谁好点呢?

生:气喘吁吁,大汗淋漓的好点。

师:然后呢?

生:半途而返。

师:最差的呢?

生齐:望而却步！

师:对啊,所以作者这里就用了一个词——甚至。就是说后面的还不如前面的呢！大家读这句话！

生读:那层层叠叠的石阶,常常使游客们气喘吁吁,大汗淋漓,甚至望而却步,半途而返。

师:哎,又有问题了——这里不是写游客吗?那你怎么说是写老人累呢?

生:游客累,老人不是也累嘛。

师:没懂。

生:老师你想,游客他们是去游览的,对吧?

师:对啊。

生:那他们肯定是轻装了,很轻松地走的,但是已经这么累了。那你想想老人,还要拿着扫帚干活呢，能不累吗？

师：哦，我懂了。你是说，游客如果说很累的话，那老人就肯定更累。对吗？

生：对。

师：也就是说，这里写游客的累，其实是写老人扫路——

生：更累！

师：理解的好！你们看这一段，第一句话写山高石梯多，其实是写老人——

生：累。

师：第二句写游客爬山累，其实还是在写老人——

生：更累。

师：只有最后一句是直接描写老人扫路的。谁来读一读？

（请一个学生读，读到"一级一级的扫上去，一级一级的扫下来"时速度较快。）

师：哦，他是这样读的。谁再来读？我们听听他们读的有什么不同。

（再请学生读"一级一级的扫上去，一级一级的扫下去"，仍然速度较快。）

师：两个同学都是这样读的，（学刚才两个同学的语气读）一级一级扫上去，一级一级扫下来——好像很轻松啊。

生：（顿时醒悟）我来读！

（该生读，把"一级一级"一字一顿地读，比较慢，突出扫路的苦和累。学生鼓掌。）

师：对了，就是这样读。大家一起来读，看我手势——

（生齐读，教师手势指挥。）

师：我们再来读这一段全段，体会老人扫路的艰辛！

（生齐读。）

五、人"乐"——为何人累心不累

师：这么高这么险的天游峰，这么苦这么累的扫路活，那么那个老人是怎么样的呢？我们来读一读两人的对话。

【出示："如今游客多，您老工作挺累吧？"

"不累，不累，我每天早晨扫上山，傍晚扫下山，扫一程，歇一程，再把好山好水看一程。"他说得轻轻松松，自在悠闲。

"您老有60岁了吧？"

老人摇摇头，伸出了七个指头，然后悠然地说："按说，我早该退休了。可我实在离不开这里：喝的是雪花泉的水，吃的是自己种的大米和青菜，呼吸的是清爽的空气，而且还有花鸟做伴，我能舍得走吗？"

我紧紧抓住他的双手说："30年后，我再来看您！"

"30年后，我照样请您喝茶！"说罢，老人朗声大笑。笑声惊动了竹丛的一对宿鸟，它们扑棱棱地飞了起来，又悄悄地落回原处。这充满自信、豁达开朗的笑声，一直伴随我回到住地。】

师：这一段是人物的对话。一般我们遇到这样的对话，都喜欢采取什么方式来读呢？

生：扮演读。

生：分角色读。

师：行啊，就这样。同桌两个同学，一个当老人，一个当游客"我"，你们先练习读一读！

（学生自己练习分角色朗读。）

师：哪一组同桌上来读一读？

（一组同学上来读，分好角色。）

师：他俩是演员，我们都是导演。有做得不对的地方，我们大家指导啊。

生（游客"我"）：如今游客多，您老工作挺累吧？（读书像念字，不像说话的语气。）

师：（打断）这个游客行不行？

生：不行。

师：对啊。你要进入角色，看着老人，用说话的语气来读。

生：如今游客多，您老工作挺累吧？（看着对方，语气自然。）

生（老人）：不累，不累，我每天早晨扫上山，傍晚扫下山，扫一程，歇一程，再把好山好水看一程。

师：给这位演老人的提提意见。

生：我觉得他的语气要轻松一点，表现出老人的自在悠闲。

师：好的。

生：我觉得他还应该加点动作。

师：对啊。哪里加，怎么加呢？说说看。

生：在"不累，不累"那个地方可以一边说一边摆摆手。上山下山可以做个手势嘛。

生：好山好水看一程可以看看周围。

师：行啊，都是好主意。（对演老人的同学）要不，你再试试？

(该生吸取意见,再读,语气有变化,加上了动作。)

师:真好。继续。

生(游客"我"):您老有六十岁了吧?

师:你也加个手势?

生(伸出大拇指和小拇指,表示"六"):您老有六十岁了吧?

(学生鼓掌。)

生(老人):按说,我早该退休了。可我实在离不开这里:喝的是雪花泉的水,吃的是自己种的大米和青菜,呼吸的是清爽的空气,而且还有花鸟做伴,我能舍得走吗?

师:还是缺点动作——说这句话之前,你应该先怎样?

(生看看屏幕上内容"老人摇摇头,伸出了七个指头,然后悠然地说",然后摇摇头。)

师:先摇头,然后呢?

(学生做动作——伸出七个指头,众生大笑。)

师:这样吧,我们改一下,还用一只手表示(示范把拇指和食指、中指捏在一起,表示"七")。

生(先摇头,然后手势表示"七"):按说,我早该退休了。可我实在离不开这里:喝的是雪花泉的水,吃的是自己种的大米和青菜,呼吸的是清爽的空气,而且还有花鸟做伴,我能舍得走吗?

生(游客"我")(紧紧抓住"老人"的手):30 年后,我再来看您!

生(老人):30 年后,我照样请您喝茶!

师:(对"老人")少了点什么吧?

生(老人)(不解的):什么啊?

师:大家告诉他!

生齐:笑!朗声大笑!

生:(醒悟)哈哈哈哈!

(众生鼓掌大笑。)

师:这样吧,别光看了。同桌两个同学再像他们这样演一演!

(学生同桌表演读,气氛热烈。)

师:读得过瘾吧?

生齐:过瘾!

师:不能白读啊,还没问你呢?从这段对话中,你觉得老人是个怎样的人呢?用一个字来说！

生：乐！

生：喜！

生：慈！

生：善！

生：闲！

生：悠！

……

师：写一个字，写什么？

生：乐！

【板书：乐】

师：同学们，我就想不明白啊，这么高这么险的天游峰，这么苦这么累的工作，老人为什么还会乐呢？

生：因为他乐观自信啊！

生：他豁达开朗！

师：对，这是课文最后告诉我们的。谁能从老人的话里找到根据呢？

生：老师，这里——“扫一程，歇一程，再把好山好水看一程”。老人觉得扫路好像不是在干活，是在看山水，游山玩水呢。

师：也就是说别人好像在干工作，而他却在享受工作。对吗？

生：对啊。老师，我又想到了一个写老人的字——享。

师：哦，好啊，很好！【板书：享】

师：还从哪里看出老人乐呢？

生：从这里——喝的是雪花泉的水，吃的是自己种的大米和青菜，呼吸的是清爽的空气，而且还有花鸟做伴，我能舍得走吗？这里可以看出老人很满足。

师：我还想不通，老人的生活——青菜大米，这么艰苦，干吗乐呢？

生：我想老人就喜欢这绿色的蔬菜大米啊！

生：他喜欢这里的空气新鲜！

生：他喜欢这里的花香鸟语！

……

生:我觉得总的来说,老人喜欢这种简单的生活吧。

师:(伸大拇指)你真棒!理解的深!我们看,老人喜欢天游峰的一草一木,对不对?

生:对。

师:喜欢这里的环境。喜欢这份工作吗?

生:喜欢!

师:这简单的生活呢?

生:喜欢!

师:爱这山这水,爱这份工作,爱这简单朴实的生活。总起来说就是一个字——爱。

【板书:爱】

师:刚才有一个同学说得很好。在说老人的时候,他找到了一个字——悠。【板书:悠】

师:我们看,悠闲的悠——它的下半部分是什么?

生:心。

师:结合这位老人,再看看这个字,你有什么想法?

生:这个老人心里很悠闲。

生:他心态很好。

生:他很满足。

生:他享受生活。

……

师【指着"悠"】:也就是说一个人快乐不快乐,悠闲不悠闲,不在于他的生活多么富裕,其实更多地在于他的——

生:心。

师:同学们,我们再来看一个有意思的问题。课文后面说"老人朗声大笑。笑声惊动了竹丛的一对宿鸟,它们扑棱棱地飞了起来,又悄悄地落回原处"。一般我们写的话,都会写把鸟惊走了,但不会写它又落回了原处。可是这里为什么写鸟扑棱棱地飞走了,又落回原处呢?

生:因为鸟已经习惯老人了。

师(摆手):你还没真正懂。

生:因为鸟喜欢老人。

生:因为鸟也喜欢这里。

师:你们发言老是停在鸟这里,肯定不对。

生:因为鸟和老人一样,爱这里的景色。

师(惊喜的):这个同学有一个重大的发现!是什么?

生:鸟和老人一样!

师:对,哪里一样呢?你接着说。

生:鸟和老人一样,爱这里的景色。

师:还爱什么?

生:爱这里的生活。

师:对了。我们来看这两处描写——

【出示:按说,我早该退休了。可我实在离不开这里:喝的是雪花泉的水,吃的是自己种的大米和青菜,呼吸的是清爽的空气,而且还有花鸟做伴,我能舍得走吗?

笑声惊动了竹丛的一对宿鸟,它们扑棱棱地飞了起来,又悄悄地落回原处。】

师:我来读写老人的句子,你来读写鸟的。我们对应着读——

师:按说,我早该退休了。

生:笑声惊动了竹丛的一对宿鸟,它们扑棱棱地飞了起来。

师:可我实在离不开这里:喝的是雪花泉的水,吃的是自己种的大米和青菜,呼吸的是清爽的空气,而且还有花鸟做伴,我能舍得走吗?

生:又悄悄地落回原处。

师:有什么发现吗?

生:我发现老人退休了,就像是鸟要飞走了。

生:鸟落回原处是写老人舍不得离开这里呢。

师:也就是说这里写鸟其实还是在写谁?

生:老人!

师:呵呵呵,看看全文——写天游峰高和险,其实是写谁?

生:老人。

师:写游客是衬托谁?

生:老人。

师:这里写鸟,还是在写谁?

生:老人!

师：好的文章就是这样，每一字每一句都是围绕着一个中心写的。你们懂了吗？

生：懂了。

六、释疑——文字情感意相连

师：最后，让我们回到上课开始的那个问题吧——两段外貌描写，一段写衣着，一段写相貌，为什么要隔这么远呢？

【出示：我循声迎了上去，及至到了眼前，才看清是一位精瘦的老人。他身穿一套褪色的衣服，足蹬一双棕色的运动鞋，正用一把竹扫帚清扫着路面。

借着淡淡的星光，我仔细打量了他：瘦削的脸，面色黝黑，淡淡的眉毛下，一双慈善的眼睛炯炯有神。】

师：大家再读读这两段话，仔细地琢磨琢磨。这是为什么？

（学生沉思。）

师：大家首先看看，这两段描写有什么不同？如果用绘画的技法来比喻，那么，第一处的衣着描写就像是写意，大概地描写，对吗？

生：对。

师：第二处的相貌描写就像是工笔，很细致。为什么开始只是大概描写，后来却细致描写呢？

生：我知道了。开始的时候，"我"只是把老人看成一个普通人的。

师：对啊，你的发现重要极了！继续说。

生：因为把老人看成一个普通人，所以他只是大概看了一下他的衣着。没有特别留意的。

师：是啊，原来只以为你是个一般人，谁看你脸啊。后来呢？后来了解老人之后呢？

生：后来——

生（接）：后来他了解老人之后，很佩服老人的。

师：对啊，所以他就——

生：仔细打量老人。

师：是啊，仔细观察才看到原来是这样的相貌，对吧？还有一个地方很有意思的，你们看，他写老人的语言——"慈善的眼睛""炯炯有神"——这些都是在干什么？

生：赞扬老人。

师：对啊，在夸他。对不对？因为他敬佩老人。我要是写一个人鬼头蛤蟆眼儿的，你觉得我喜欢这个人吗？

生（笑）：不喜欢。

师：所以说，语言都是有温度的，它字里行间都蕴含着人的感情呢。太好了，同学们有了这么重要的发现！原来，外貌描写里也藏着这样的玄机！有意思吧？

生：有。

师：课上到这里，我们回头来看——我们先从题目入手，我们知道了一篇写人的文章，它的环境描写，它的外貌描写，它的对话，其实都是为了写这个人服务的。对吧？

生：对。

师：这就是我们对文章写作的感悟。

师：后来我们又从老人的经历知道，他那么爱工作，爱生活，简单的生活，快乐的内心。这是我们对生活的感悟。读书，有自己的感悟，自己的收获，真好。

下课！

板书：　　　　　**天游峰的扫路人**

	峰	险（高、陡）	
（悠）	扫	苦（累）	爱……
	人	乐（悠、享）	

《问刘十九》课堂实录

一、引——

师：上课之前，我先跟大家交交底，张老师上过很多课，但今天还是第一次上古诗课，这是你们校长布置给我的一个任务。你们先猜猜，我今天能上好课吗？

生：能。

师：为什么？

生：因为您是特级教师，应该能上好课。

师：哦。你说。

生：我也觉得特级教师肯定能上好课的。

师:我明白了。你们的意思是,只要特级教师这个帽子一戴,任何课都能上好。是吗?

生:是的。

师:我这心里还在打鼓呢,你们倒很自信啊。我今天在路上一直在想,假如我今天上不好课,一直在紧张得发抖。我走了,大家说,今天上课的不是张老师,是阿抖。(生笑。)刚才我听你们校长讲了,你们学校有一个课题——追求幸福的课堂,幸福的教育。是吗?

生:是的。

师:那就放松点,这么紧张,能幸福吗?

(学生笑,神情放松。)

1. 想象"雪"。

师:先看老师写一个字——【板书:雪】我想知道,无锡有没有下过雪?

生:下过。

师:那谁来说说,下雪的时候是什么场景?

生:下雪的时候,到处都是白的,地上很滑。

生:房子上、树上都有雪。

生:下雪时候很美,我们都很兴奋的。

……

师:我不知道,无锡下过多大的雪?上个星期我在乌鲁木齐,白天没有下雪。但是晚上,一夜之间就下了这么厚的雪(教师比划30厘米左右),树上都挂满了银条,就像是我们学过的东北的雾凇,也叫——

生:树挂。

师:只不过这是挂满了冰。下雪的时候你们都喜欢干什么?

生:打雪仗。

生:堆雪人。

生:照相。

2. 想象"雪、火炉"。

师:再看老师写字——【板书:火炉】雪和火炉,你想说什么?

生:雪在火炉旁就会化了。

生:下雪天很冷,我们可以坐在火炉旁烤火取暖。

生:下雪天冷极了,要是有个火炉取暖多好啊。

生：我们还可以在火炉上烤东西吃呢！

……

师：大家想象，下雪的天气，外面冰天雪地，屋里有个火炉，暖烘烘的，舒服吗？

生：舒服。

师：再看老师写一个字——【板书：酒】

师：这时候你已经不是你了，你是三十年后的你。你是个四十多岁的人，一个四十多岁的男人。（生笑。）女同学也要想象自己是个四十多岁的男人，要不怎么喝酒啊！来，雪、火炉、酒，三种东西放在一起，你有什么联想？

生：我想到了下雪的时候，我在火炉旁边烧着酒……

师（打断）：温着酒。

生：温着酒，然后喝着酒，身子就暖和了。

师：对，他把酒一温，热热乎乎的，喝下去，越来越暖和了。谁再来说？

生：外面下着雪，我边烤着火炉，边喝着酒，还不时地看着外面的雪景。

师：哦，他还看着雪景呢！不错。

师：你们看，这两个同学，这两个四十多岁的男人（生笑），都是自己倒酒自己喝，自斟自饮，对吧？还有别的吗？

生：下雪的时候，我和几个朋友在屋里，一边喝着酒，一边说话。

生：我也想到了和几个朋友一起喝酒。要不就是喝闷酒了。

师：呵呵呵，我听懂了。下雪了，你们都想温一壶酒，要么自己围着火炉自己喝酒，要么邀上朋友一起喝酒聊天——

二、读——

师：我这里有一首诗，你们肯定没见过，但是不难学，大家先来看看。

（出示：绿蚁新醅酒，红泥小火炉。晚来天欲雪，能饮一杯无？）

师：自己练习把这首诗读一读，开始读！

（学生自己练习读。）

师：好，我请一位同学来读。他读得很好，声音响亮，尤其有一个字，你们不认识，我把拼音标上去了。他读得很准。谁来读？

（一个女生站起来读，不紧不慢，吐字清晰，有诗的韵味。）

师:你先别坐下。我问你,你老师姓什么?

生:姓印。

师:印章的印是吗?

生:是的。

师:回去好好感谢一下你的老师,第一个同学读,就这么好。我觉得诗就要这样读,才有味道。谁再来读一读?

(一个男生站起来读,也比较有感情。)

师:我觉得这个同学有一句读得特别好——红泥小火炉——听到他读,我就感觉到那个火好像在烧,红红的,旺旺的。你再读读这句。

生:红泥小火炉。

师:你看,小火炉烧得多好!谁再来读?

(第一排一个男生读,抑扬顿挫,拖着音仿佛吟诵,摇头晃脑的。)

师:这样,你上来。我为什么让他上来呢?因为你们看不到他的表情,看不到他眉飞色舞眉眼的动作。我请他上来,你们看看他是怎样有表情地读的?

(该生有表情地朗读这首诗,众生鼓掌大笑。)

师:你把那个"晚来天欲雪"再读一遍,我特别想听你读的那个味道。

生:晚来——天欲雪。

师:为他鼓掌,向他学习!(学生鼓掌。)

师:一起读一遍!(生齐读。)

三、猜——

师:你们平常学诗,第一步都干什么?

生:读。

师:对。第一就是读。【板书:读】然后呢?

生:然后就是品味。

师:然后就品味吗?谁再来说?

生:就是要一句一句地理解它的意思。

师:对,就是要先理解。这样,今天我送你们一个字——猜。【板书:猜】我们现在就来猜一猜——聪明的同学如果把这首诗和刚才老师写的那几个字联系起来,想一想,他大概就知道了这首诗的意思。好，我给你们点时间。你们联系那几个字“雪、火炉、酒”，来想想看。

（学生联系诗句和几个字，陷入思考。）

师：谁来说说，这首诗写什么？你猜！

生：这首诗是写诗人在夜里，在火炉旁一边喝着酒，一边……好像是看外面的雪景。

师：哦，她是这样的理解。这是她猜的，自己的理解。谁再来猜？

生：一天晚上，作者坐在火炉旁，喝着新酿的醅酒，他看着外面的天，感觉快要下雪了。

师：然后呢？

生：然后……没了。

师：啊？——那好吧。这是她猜的。谁再来猜？

生：我猜的是，一天晚上，诗人和一个朋友坐在火炉旁，他一开始在温酒，后来就问朋友喝不喝酒。

师：他认为是两个人在一起——诗人先温酒，温好了问朋友喝不喝。哎，哪一句说能不能喝杯酒啊？

生：“能饮一杯无”。

师：对。“能饮一杯无”的意思就是说能不能喝一杯啊。问人家的。所以后面是个——

生：问号。

师：同学们，刚才我说了，假如你联系老师写的那几个字来想的话，你就会有发现。你发现什么？

生：我发现您刚才写的那三个词语都是在诗句的最后。

师：是吗？具体说说，哪几句呢？

生：第一句的最后是“酒”，第二句的最后是“火炉”，第三句是“雪”。

师（惊喜的）：这是一个重大的发现！大家发现了吗？

生：发现了。

师：我们看，第一句“绿蚁新醅酒”——假如我们用一个字来说，就是哪一个字？

生齐：酒。

师：第二句“红泥小火炉”用一个字来说，就是——

生：火炉。

生:火。

师:对,简单说就是——

生:火。

师:第三句呢?“晚来天欲雪”,一个字是——

生:雪。

师:最后一句“能饮一杯无”,就是一个字——

生:饮。

师:实际上这首诗四句话就是写了这四个字——酒、火、雪、喝!

生:饮。

师:饮就是喝。对吧?

生:对。

师:我们再来读一读这首诗——

生:绿蚁新醅酒,红泥小火炉。晚来天欲雪,能饮一杯无?

师:刚才请同学们猜——有人猜是诗人自己在那里喝酒,还有人猜是两个人在喝酒,温好了酒问人家能不能喝。那么到底谁猜得对呢?这还要你自己来判断。我不告诉你答案,我只告诉你这首诗的题目,你就知道了。大家看——

【屏幕出示:问刘十九】

师:题目是——

生:问刘十九。

师:什么意思啊?

生:就是问一下刘十九喝不喝酒。

师:对,刘十九是个人的名字,是吧?

生:对。

师:他姓刘,名字叫——

生:十九。

师:这个名字好怪啊。怎么用个数字做名字呢?你们猜猜。

生:我猜……我猜他可能是十九日这一天生的吧,所以就起个名字叫十九。

师:你的意思是哪天出生就叫什么啊,二十日出生的呢?

生:刘二十。

师:二十三日出生呢?

生(笑):刘二十三。

(众生笑。)

师:他的想法有意思,按照日期来取名。这是他的想法。谁再来猜?

生:我觉得他可能是十九岁吧?

师(惊奇的):十九岁就叫刘十九?

生:对。

师:那去年他叫什么?

生:刘十八。

师:明年呢?

生:刘二十。

师:你拉倒吧!人的名字还能随着年龄乱变。赶明儿老了就叫刘八十二?

(众生大笑。)

师:你的想法蛮奇特的——但是你们大家说,会不会这样啊?

生笑:不会。

师:我们班同学都有些奇特的想法——我喜欢,这样学诗好像更有趣了。谁再来猜猜?

生:我有一个想法……不敢说。

师:没事,说说看。

生:我想,是不是他在家里兄弟姐妹中间排第十九啊,所以叫刘十九。

师:正常啊,你刚才怎么就不敢说呢?

生:我想……他家里不会有这么多兄弟姐妹吧?

师:是啊,他妈不会这么能生吧?(众生大笑。)别说啊,还真让你猜对了呢!我查了一下资料,这个刘十九还真是排行十九啊,不过,不是亲兄弟排行,是大家族里的排行。也就是说,不一定都是一个妈生的呢。要不然,还受得了?跟大家讲个笑话啊,说有个老师在课堂上跟学生说,日本人取名字很有意思,第一个儿子就叫大郎,第二个叫次郎,第三个叫三郎,依次往下。请同学们举一个这样的例子。一个同学举手就说了,山本五十六!难道说他妈生了五十六个孩子啊?

(学生大笑。)

师：这是笑话。不过，从刚才几个同学的发言，从刘十九这个名字我们来想一想，你们说，这个刘十九他的家庭可能是怎么样的？是很有地位的，有钱有势的，还是平民百姓呢？

生：我猜他应该是平民百姓吧。

师：根据。

生：我感觉的，好像……

师：好像有钱的人家都要取个大名，响亮一点的，谁用数字当名字啊。对吗？

生：对。

师：真让你们猜对了，这个刘十九真的只是个平民百姓呢！你看，我们猜得多准！哎，问刘十九——诗人都问刘十九什么呢？谁来说说？

生：问刘十九能不能喝一杯酒。

师：对，你能不能——现在你就是作者，你能不能一句一句地跟我说说，都问刘十九什么。

生：刘十九，我这里有……有新酿的酒。

师：不错，还有什么？

生：还有红泥的小火炉。

师：就是有很暖和的炉子。继续。

生：窗外还下着雪。

师：还下着雪吗？

生：哦，不，是快要下雪了。晚来天欲雪嘛。

师：你怎么知道快要下雪呢？

生：他说"天欲雪"嘛，欲就是快要的意思。

师：你理解得真好！谁再来说一遍？

（一个学生用自己的话又说了一遍。）

师：你们同意这两个同学说的吗？她们猜得对吗？

生：对。

师：恭喜你们，答对了！全部说对了！（学生鼓掌。）诗人说，我这里有酒，还有小火炉，天晚了就要下雪，你过来喝一杯吧。是这个意思吗？

生：是。

师：为什么大家不敢肯定呢？是因为这首诗中有一句我们不太懂，是哪一句呢？

生："绿蚁新醅酒"。

师：在这一句中有一个字我们吃不准。是哪一个字？

生：醅。

师：猜，醅是什么意思？

生：醅就是温。

师：哦，他说醅就是温。这是他的看法。谁再来说？

生：醅酒就是一种好酒。

师：就像茅台、五粮液，一种好酒，是吗？她认为醅酒是一种酒的名字。有意思的想法。谁再来猜？

生：醅好像就是酿，新醅酒就是刚酿出来的酒。

生：新醅酒就是刚买来的酒吧。

……

师：同学们各有各的看法。有的认为是新买的酒，有的认为是刚酿的酒，有的认为是酒的名字，有的认为是温酒。到底谁说的对呢？我们来看下答案。这个不能乱讲，我们猜，猜完了还要知道正确答案。请大家看——

【出示：醅：没有过滤的酒。】

师：醅，就是刚酿出来的没有过滤的酒。古时候酿米酒，酿完后要用个器具给它过滤一下，然后才能喝。新醅酒过滤没有啊？

生：没有。

师：那怎么叫"绿蚁新醅酒"呢？

生：是不是酿酒的时候加进去的有……有绿色的蚂蚁呢？

（生笑。）

师：酿酒加蚂蚁啊？有点可怕啊。

生：我想是不是新酿出来的酒很香，把蚂蚁都引来了呢。

师：所以酒上面爬满了蚂蚁，是吗？

生：是的。

师：也够可怕的。谁再来猜？

生：我想，绿蚁是不是这种新酿的酒的名字呢？就叫做"绿蚁"牌新醅酒！

师：呵呵呵，你又转到名字上来了！

……

师:好了,别猜了。大家都蛮有想法的,可惜越猜越远了!(生笑。)我告诉你们吧,"绿蚁新醅酒"其实还是说刚酿出来的酒还没来得及过滤,酒的上面有一些酒糟,还有一些小泡沫,这些都是要过滤掉的,但现在还没来得及过滤。这些酒糟和泡沫看上去就像是一些小蚂蚁一样,加上酒是绿色的,所以就叫——

生:绿蚁新醅酒!

师:要真是上面爬着蚂蚁,谁敢喝啊!(生笑。)

师:哎,通过刚才我们的了解,我们是不是知道了——诗人是刚把酒酿出来,对吧?

生:对。

师:也就是最新鲜的酒,还没有来得及过滤,对吗?

生:对。

师:酒都来不及过滤——诗人马上干什么呢?

生:点上小火炉。

生:邀请朋友来喝酒。

生:准备请客。

师:对了。你们看,这首诗其实就是诗人写给他的朋友刘十九的,是邀请刘十九到他家里来喝酒的,对吗?

生:对。

师:你们看——刚才一上课,老师先写了几个字,请大家来想象;然后我们读诗,读完了我们猜——就这样弄懂了诗的意思。这样学,有意思吗?

生:有。

四、品——

师:光会猜还不行,我们学诗,还要更进一步,那就是——品。【板书:品】

师:这首诗一共四句,二十个字,诗中一共有两个人。一个是——

生:诗人。

师:另一个是——

生:刘十九。

师:下面请同学们再来读这首诗,逐字逐句地读,读完了,把几句诗连起来想一想,从这二十个字,四句诗中,你看出来这位诗人怎么样?他是个什么样的人呢?好,开始读吧。

(生认真读,各自思考。)

师:谁有什么发现?

生:我觉得诗人是个急脾气。你看他刚把酒酿好,还没来得及过滤,就开始邀请朋友来喝酒。

生:这说明他很热情啊。

生:他很好客。

生:我觉得他爱喝酒,爱交朋友。

生:我觉得他是一个喜欢和朋友分享的人。你看,新酿出来的酒他自己还没有喝,就赶紧请朋友来分享。

师:同学们的发现很重要!这位诗人,第一个很爱喝酒,第二个很好客,第三个喜欢和朋友分享,对吗?

生:对。

师:除了从第一句,还能从哪里看出他很好客?

生:从"晚来天欲雪"看出天很晚了,又快下雪了,他还在等着朋友来喝酒。我看出他好客热情。

师:很真诚,对吗?

生:对。

师:还有吗?还从哪里能看出热情好客?

(生不语,思考。)

师:除了酒,还准备了什么?

生:还准备了小火炉,想和朋友一起取暖。

师:对啊,烧起了熊熊的小火炉。你们看,新酿的酒,温暖的小火炉,天要下雪了,能来喝一杯吗?这就是诗人的意思。现在,请同学们来当诗人,我就是刘十九。就这四句诗,谁来跟我说?让我感受到很好客很热情。

生:绿蚁新醅酒,红泥小火炉。晚来天欲雪,能饮一杯无?(语气比较平淡。)

师:这个是热情好客吗?

生:不是。

师:谁再来?别看屏幕,看着我,跟我说。

生(看着老师):绿蚁新醅酒,红泥小火炉。晚来天欲雪,能饮一杯无?

师:够热情吗?

生:不够。

师:我都感受不到小火炉。谁再来?

生(比较投入的):绿蚁新醅酒,红泥小火炉。晚来天欲雪,能饮一杯无?

师:有点意思了,但是还不是我最满意的。我希望的是像平时说话一样,很自然很热情地跟我说——大家跟我来吧——绿蚁新醅酒,红泥小火炉(语气突出“新醅酒”“小火炉”,边用手比划酒壶火炉的样子,表示很热情)。(学生投入地模仿老师读。)晚来天欲雪,能饮一杯无?(突出问的语气,有些急切地希望得到答案。)(学生模仿,有些做出邀请的动作。)

诗人热情好客吧?

生:是的。

师:你还发现诗人怎么样?

生:我还发现作者很为朋友着想——天晚了要下雪了,很冷,他请朋友到家里来喝酒,取暖,聊天,很为别人着想。

师:天气严寒,和朋友围着火炉把酒谈心,这个场面温馨吧?

生:温馨。

师:享受吧?

生:享受。

师:他的发现不错。你们想听听张老师的发现吗?

生:想。

师:我说这位诗人啊,不光是爱喝酒,也不光是热情好客,当然他也很真诚,但是我发现同时他还很狡猾。

生:啊?

师:不相信是吗?仔细再想想,看谁能理解老师的意思?

(学生略作思考,然后逐渐有人举手。)

生:他很会请客。他看到天快要下雪了,就问朋友能不能来,“能饮一杯无”是和朋友商量的。

师:和朋友商量,很正常啊。怎么是狡猾呢?

生:这……

师:你还没明白,先请坐。谁知道了我为什么说他很狡猾?

生："晚来天欲雪"——他告诉刘十九天要下雪了，其实是让他早点来，别太晚了，天不好。

师：哦，你是这样的理解，有点意思。同学们，你们看，这首诗是一份邀请朋友来吃饭喝酒的请柬，对吗？

生：对。

师：如果是我来写，我就写——能饮一杯无？问人家能不能来喝酒就行了。不就是问人家来不来嘛！还要前面几句干什么？

生：他说"绿蚁新醅酒"，是知道刘十九喜欢喝酒，所以就……所以就……

师：所以就投其所好，想——

生：想吸引他来！

师：你听，刚才他的发言中有一个词说得特别好，哪个词？

生齐：吸引！

师：对啊，不光说有酒，而且说我是新酿出来的新鲜的好酒，这就是在——

生：吸引。

师：仅仅是用酒来吸引吗？

生：还用红泥小火炉来吸引他。因为这个时候天快要下雪了，肯定很冷。诗人就说我这里有小火炉，吸引朋友来取暖。

师：对啊，我这里有温好的酒，有烧得旺旺的小火炉，天又要下雪了——说这些，都是想干什么？

生：想让朋友早点来。

生：想让朋友无法拒绝。

生：想吸引朋友来。

师：大家说的都对。你们看，刚才那个同学说了一个词——吸引。但我觉得这个词还不够充分不够给力，有没有一个更给力的词语，更能表达诗人的心情，诗人的狡猾？

生：诱惑。

师：哪个词比诱惑还厉害？

生：引诱。

师：跟诱惑差不多，一个重量级的。

生：勾引。

（学生笑，师板书：勾引。）

师：不是勾引是什么？明明是要请人家喝酒，先不问你来不来，先说我这里有好酒啊，可香啦。还有小火炉，那小火苗暖烘烘的。你看天，马上下雪了，正好喝酒烤火取暖啊。最后才问人家来不来。这哪里是吸引啊，简直是拿酒和火炉在勾引人家嘛。你们说，诗人有意思吗？

生：有。

师：狡猾不狡猾？

生：狡猾。

师：但是诗人的狡猾，诗人的勾引，你们说，其中有什么恶意吗？

生：没有。

师：不但没有恶意，相反，里面还有——

生：诗人的热情。

生：好客。

生：真诚。

生：幽默。

生：智慧。

生：有他们的友谊。

……

师：这样吧，我还来做刘十九，你们来做诗人。还是这四句诗，谁来勾引勾引我？

（生笑。）

生：绿蚁新醅酒，红泥小火炉。晚来天欲雪，能饮一杯无？

师：我给你提个建议啊，如果你说的时候，眼睛看着我，手再加上点动作，比划比划就更好了。就能勾引我去喝酒了。（生笑。）

生：绿蚁新醅酒，红泥小火炉。晚来天欲雪，能饮一杯无？（看着老师，加动作，比划着酒坛子，火炉等。）

（众生鼓掌。）

师：大家一起来吧！加上动作，特别热情，来勾引勾引我。

生齐：绿蚁新醅酒，红泥小火炉。晚来天欲雪，能饮一杯无？

师（指一个学生）：我来问你，假如你是刘十九——晚来天欲雪，能饮一杯无？

生：能。

师(指另一个学生)你——能饮一杯无?

生:能。

师:大家呢——能饮一杯无?

生齐:能!

师:是啊,人家那么真诚,那么热情,还那么有趣,怎么能不来呢?要是我啊,听到第一句话,我就闻到酒香了;听到第二句话,我就仿佛看到小火炉了;第三句话我就出门了,等他说第四句话,哈哈,我到了!

(生笑。)

师:大家再来想象——在这个下雪的夜晚,窗外雪花飘飘,屋内炉火温暖,你们两个知心的朋友喝着小酒——这是怎样的情景?

生:我们围坐在火炉旁边,一边喝酒一边聊天。

生:还可以看看窗外的雪景。

师:对。不时地看看雪景。哦,对了,假如天黑了,我们看不见了,这时候我们还可以用耳朵来——

生:听。

师:对啊,你听到了什么?

生:我听到外面呼呼的风声。

师:对,北风呼啸。听到风声。你听到什么?

生:我听到雪花飘落时窸窸窣窣的声音。

生:我听到大雪压断枯枝的声音。

生:好像还有几声狗叫。

生:我还听到人走在厚厚的雪上发出咯吱咯吱的声音。

……

师:这样的晚上,那么大的雪,行人很少。你们两个知心朋友围着火炉,没人打扰,这样的环境,这样的气氛,最适合讲讲——

生:心里话。

师:刚才有个同学说得真好,说喝着小酒,身上就越来越暖和了。你们说,仅仅是身上越来越暖和吗?

生:心里也越来越暖了。

师：是啊，这样的酒不光暖身子，还暖心。

师：大家还可以想象——夜深了，雪大了，酒多了，甚至他们还会有微微的醉意——他们醉的是什么呢？

生：醉的是酒，还醉的是这种气氛吧。

生：应该还是醉的他们之间的友谊。

生：还醉的是外面的雪景。

……

师：同学们理解的真好！醉的是酒，是景，更是情！这真是——“但使主人能醉客，不知何处是他乡”啊！请大家再来读，读出诗中浓浓的情！

（学生声情并茂地读。）

师：这首诗小巧精致，本来是一份请人喝酒的请柬，却写得幽默、真挚、亲切、有趣。你们注意到没有，诗里还写了很美的颜色呢！你们看看——绿色的酒，红色的火炉，洁白的雪——红绿白搭配，颜色淡雅清新。美不美？

生：美。

师：想知道它的作者是谁吗？

生：想。

师：它的作者可是鼎鼎大名——【出示：白居易】

学生：哦！

师：白居易可是大诗人，当年他写的诗都通俗易懂，但是其中包含深深的情趣。我还告诉你们，当时写这首诗的时候，白居易在江州做司马，做不小的官呢！可是他却和这个平民百姓刘十九成为知己朋友，下雪天还邀请人家来家里喝酒。怎么样？这个人够意思吧？

生笑：够意思。

师：喜欢他吧？

生：喜欢！

师：那你们说，在这样一个即将飘雪的傍晚，备好美酒，点燃火炉，和朋友把酒言欢——诗人幸福吗？

生：幸福。

五、比——

师：古时候，诗人总是和酒结缘；而酒，又往往和朋友结缘。酒和朋友，是诗人生活中不可缺少的。据你们了解，古代最喜欢喝酒的一位诗人是谁啊？

生：李白。

师：我们来看看，大诗人李白也记下了自己一次喝酒的经历——

【出示：李白《月下独酌》：花间一壶酒，独酌无相亲。举杯邀明月，对影成三人。】

（生齐读。）

师：酌什么意思啊？

生：喝。

师：酌就是斟酒，倒酒喝。我们看，李白是跟谁喝酒？

生：自己。

生：月亮。

师：对啊，跟月亮喝酒。还有谁陪他啊？对影成三人？

生：影子。

生：自己的影子。

师：诗人、明月、影子——说是三人，其实是——

生：一个人。

师：怎么样？

生：孤独。

生：寂寞。

师：你们看，同样是喝酒，白居易品尝的是温馨，是幸福，是友情的珍贵，而李白品味的是寂寞是孤独。都是喝酒，同样是生活的细节，你们看，不同的情况，不同的心境，就写出不同的诗句。但是都那么感人。

师：白居易还有一首诗，也是请人喝酒。我们来看看。

【出示：小榼二升酒，新簟六尺床。能来夜话否？池畔欲秋凉。

榼(kē)：古时盛酒的器具。簟(diàn)：凉席。】

师：先来认识两个字，榼——古代盛酒的器具。你可以把它理解成酒壶或者酒杯。簟，你看它竹字头，就是我们现在说的——

生：凉席。

师：我先请同学们自己把这首诗读一读。

（学生自己读诗句。）

师：好，开始猜。你刚才读了一遍了，你知道什么了？

生：我觉得是白居易，他准备了二升酒，还有酒杯什么的，还在床上铺了新的凉席，想请朋友来晚上喝喝酒说说话，池畔已经是秋天了，挺凉快的。

师：不是已经秋天了，而是马上就秋天了。因为诗里说——

生：池畔欲秋凉。

师：他理解的对吧？

生：对。

师：很好啊。谁来告诉大家，这首诗跟刚才的那首有什么不同？

生：这首诗写的是快到秋天的时候，就是夏末的时候，而上一首写的是冬天下雪时的事情。

师：季节不同，对吧？

生：对。

师：而且这里有个什么？"新簟"就是新的凉席。明显就是夏天的场景。

师：我们也来把这首诗读成几个字。"小榼二升酒"也可以读成一个字——

生：酒。

师："新簟六尺床"，一个字——

生：床。

师：第三句"能来夜话否"——

生：话。

师："池畔欲秋凉"——

生：凉。

师：你们看，美酒，凉床，谈心，纳凉，这不也明明在勾引吗？

（生笑。）

师：白居易还挺喜欢请人喝酒的，而且写个请柬还挺有意思的，对不对？

生：对。

师：这首诗的题目是——招东邻。诗人和谁喝酒？

生：东邻。

师：就是东边的邻居。再看这个"招"字，按照正常的好像应该是"邀东邻"才对啊，不是请人喝酒吗？招呼人家过来，多不礼貌啊。真是的。

生：我觉得您说的不对。"招东邻"的"招"字，我觉得恰恰反映了白居易和东邻的关系很好，不用那么客气。

师：就是——自己人，别弄什么请不请的了，招呼一声，就来吧。对吧？

生：对。

师（竖大拇指）：厉害！你的理解，着实厉害！

（生笑。）

师：这节课我们学了一首诗——《问刘十九》，然后又带学了两首诗。看看我们是怎样学的——（指板书）我们先是——

生：读。

师：然后——

生：猜。

师：猜完了，我们——

生：品。

师：最后我们拿后面两首诗和前面的诗进行——

生：比。

师：一读二猜三品四比，这就是我们今天学诗的方法。我们还发现，其实古代人写的事情跟我们现代人差不多，不过是他们用诗词来写，我们用今天的白话来写。对吗？

生：对。

师：好，下课！

作文教学

我发明了——灭蝇器材

设计意图

作文教学是内容为先，还是技法入手，争论由来已久。本节课力图把二者结合起来，把技法的学习渗透在学习内容之中，让学生在不知不觉中掌握方法。

想象力、创造力是写作的基本心理要素，这节课着重在打开学生思路，教学效果也许并不在于产生了多少优美的习作，而要看学生的想象是否自由驰骋，创造潜能是否尽情发挥，写作信心是否提高。换言之，作文教学也许不应该只把眼光盯在一节课上，就像战役，一城一地的得失固然重要，但更应该放眼全局，着眼于学生的发展——学生在每节课上所体验的兴趣、欢乐、激情、所迸发的奇思妙想，这种智慧、情感、灵性的积淀，都将在他们今后的生命历程中熠熠闪光。

教学实景再现

一、起——灭蝇协会为大家。

师：同学们，今天我先请大家猜一个谜语："一种飞虫嗡嗡嗡，飞到西来飞到东，哪脏它就往哪飞，哪臭它就往哪叮。传播疾病害人类，人人喊打讲卫生。"

生：苍蝇。

师：对，就是我们厌恶的苍蝇。谁讨厌苍蝇举手？

（学生全部举手。）

师：既然大家都讨厌苍蝇，我们今天就来讨论怎样消灭它。要想做好这件事情，我们首先要有一个组织——我们班多少人？

生：55 人。

师：好，55 个同学，加上我，56 人。我们成立一个组织，专门来消灭苍蝇，怎么样？

生：好！

师：我们这个组织恐怕是世界上第一个专门为消灭苍蝇而成立的组织，这么厉害的组织应该有一个响亮的名称，谁来为我们起一个好名字？

生：灭蝇小分队！

师：小分队？小了点。

生：灭蝇大队！

师：大队？还停留在大队小队的层次，不够气派，不够响亮，你们再想想，我们可是第一个专业灭蝇组织啊。

生：中国灭蝇组织！

师：一般都叫——

生:协会。

生:中国灭蝇协会!

师:好!走向全国了!有没有更厉害的?你们知道吗,世界上有一个专门管各种体育运动的组织叫——

生:国际奥委会。

师:对!全称是国际奥林匹克委员会。我们也来模仿它,起一个更厉害的名字!

生:国际灭蝇委员会!

师:好!【板书:国际灭蝇委员会】那么,我们大家都是灭蝇委员会的委员。谁来当主席?

生:老师!

师:不,不行,要凭能力竞选的。这样吧,今天是我们委员会第一次会议,谁有突出表现,就选谁做主席,好吗?

生:好!

师:名字有了,还要有几句响亮的口号,让别人一听就知道我们是干什么的,而且有鼓动性!

(此处师生共同商量几句口号,如:"从我做起,消灭苍蝇";"人人灭蝇,净化环境"等。)

【口号:消灭苍蝇,人人有责;净化空气,美化环境!】

师:好!我宣布——国际灭蝇委员会第一次代表大会现在开幕!

(学生热烈鼓掌。)

二、承——小小蝇拍学问大。

师:现在我们就来讨论——你们知道的灭蝇器材有哪些?

生:苍蝇拍。

生:粘蝇纸。

生:杀虫剂。

生:灭蝇灯。

师:同学们讲了这么多!先来看苍蝇拍。(教师从抽屉拿出准备好的一个最简易的苍蝇拍)谁来讲一讲它的构造?

生(上前拿着苍蝇拍讲解):这是一个杆,还有一个——(看老师,为难)

师:叫拍头吧!

生:对,一个杆,加上一个拍头。

师:杆或者叫柄。还要介绍它们各自的作用。

生:这个杆是为了增加手臂长度,因为有时候手臂不够长,打苍蝇够不着。

师:对,另外有了杆,你打苍蝇时方便不方便?直接用手拿拍头去打苍蝇,你能使上劲吗?

生:不能。

师:再看这个拍头——学问大了!

生:这个拍头有一个一个小洞。

师:什么形状?像蜘蛛的——

生:网状。

师:咦,为什么是网状呢?

生:这样打苍蝇时可以漏风。

师:有道理!我跟大家讲一个我小时候的事情——有一次,我自制了一个苍蝇拍,很简单,把一个硬纸盒子剪下一片做拍头,拿一根手指粗的树枝做杆,劈开,但不要断,紧紧地夹住硬纸片,就成了。可是,我去打苍蝇,一只也没打着。我妈妈见了,说,孩子,你是打苍蝇啊,还是让苍蝇凉快呀?为什么?

生(笑):因为不漏风呗!

师:对了。那么假如我在拍头上用针扎眼,眼很小,行吗?

生:不行,漏不了多少风,苍蝇还是能感觉到的。

师:我把眼扎很大(用手比),可以吗?

生:不行,苍蝇早漏跑了!

师:看来,既要漏风,不让苍蝇感觉到,又不能让苍蝇漏走,这叫"漏风不漏蝇"。你们说,这小小的苍蝇拍是不是很有讲究?

生:是。

师:我们可以想象,第一个发明苍蝇拍的人,一定也经过了认真思考,反复试验,任何一项发明都不是轻易成功的。谁会用苍蝇拍打苍蝇?

(学生纷纷举手,叫一个学生上台表演——教师在黑板上用粉笔点一个点当做苍蝇,学生拿苍蝇拍悄悄靠近"苍蝇",瞄准,然后猛然落拍。其他学生热烈鼓掌。)

师:请你介绍一下怎样打,技巧、方法?

(此处学生介绍,教师相机引导,总结方法:1. 轻——靠近时脚步轻;2. 准——打时要瞄准;3. 快——落拍速度要快。)

师:同学们真棒!了解了苍蝇拍的构造和用法,介绍得真清楚!【板书:构造　用法】

那么,这个小小的苍蝇拍有什么优点?

【板书:优点:方便——大人孩子都会用;便宜——一个才一块钱;耐用——能用好长时间】

这个苍蝇拍还有什么缺点?有什么需要改进的地方?【有时苍蝇在墙上,打了苍蝇脏了墙】

其实还有一种改进了的苍蝇拍——电子苍蝇拍,谁见过?(学生介绍电子苍蝇拍。)

生:我想介绍家里的电子苍蝇拍。电子苍蝇拍的样子就像网球拍,手柄上有个地方装电池。看到苍蝇,一按开关,拍头就通电了。悄悄靠近苍蝇,不用拍,苍蝇会自动被吸上来。既干净又方便。

师:好!这就是对简易苍蝇拍的改进。

师:你们看,介绍一件东西,构造、用法、优点——这样就很明白。除了苍蝇拍,谁来介绍别的?

生:我来介绍灭蝇剂。夏天,超市里卖各种各样的杀虫剂,基本上是筒状的,打开盖子,上面有一个按钮。一按,就会喷出雾状的东西,苍蝇闻到就死了。

师:是啊,灭害灵、枪手等等,有很多名字,但它们都有一个共同的缺点,谁知道?

生:有气味,对人体有伤害。

师:是啊,看来还需要改进啊!

生:我介绍粘蝇纸。一张油纸,上面有些黏黏的东西,把它放在苍蝇经常活动的地方,苍蝇会往上飞,一旦碰到粘蝇纸,就跑不了了。

师:你知道粘蝇纸是靠什么灭蝇的吗?

生:不知道。

师:谁来告诉他?

生:我知道,粘蝇纸是靠气味来吸引苍蝇的,它发出一种香香的甜甜的味道,苍蝇很喜欢,就会飞过来,一粘上就难逃罗网了。哈哈!

师:哈哈!诱敌深入,诱杀之计。绝妙!原理讲得明白【板书:原理】。

生:我介绍的灭蝇灯也是诱杀。苍蝇和一些小飞虫都喜欢往有光亮的地方飞,灯上有电,一碰上就电死了。用光来吸引苍蝇,然后电死它,这好像也是诱杀。

师:对,你们看,用光线,用气味,根据苍蝇的特点来消灭它。我也给大家介绍一种,有一次我到东北讲学，在一个饭店吃饭，饭店可干净了，一只苍蝇都没有。我很奇怪，后来服务员告诉我，他们每天用一种拇指粗的东西在墙上画一画，画出的线也是白的，不影响墙壁美观，但是会发出一种气味，苍蝇闻到就飞跑了。这是气味驱蝇法。

师：我们谈了这么多，都是说现在世界上已经有的灭蝇器材，也就是别人的发明。这些发明也有些这样那样的缺点，那么，怎么改进呢？从现在开始，我们开动脑筋，来进行发明创造，想一想，你发明什么器材？什么名字？什么构造？怎么用？什么原理？都不许再说已经有的东西！

（学生思考约10分钟。）

三、转——我的发明我做主。

师：时间差不多了。谁来讲讲自己的发明？

生：我发明的还是灭蝇灯，但是我的这个灭蝇灯除了能灭蝇，同时也是一盏台灯，它是一盏两用灯，既能照明又能灭蝇，一举两得。

师：两用，好！（做手势）1加1，就有了创新。谁再来创新一下？

生：刚才他的发言启发了我，我发明灭蝇窗帘。特殊材料制成的窗帘，一挂上，美观漂亮，同时又可以驱逐苍蝇，使用方便。

师：谁还有什么室内发明？

生：我发明的有两种。第一种是灭蝇涂料。这种涂料是真正的超级环保材料，其中含有一种特殊物质，它是根据苍蝇的特点，经过特殊工艺制成的。涂料中一旦加入这种物质，苍蝇绝对不敢靠近，而且身价百倍，创造很好的经济效益，大大的赚钱！

师：嚯，日本人都出来了！

生：第二种和灭蝇涂料相似，是灭蝇木料。也是在木料中加入特殊材料，然后做成家具，苍蝇不叮耗子不咬，经久耐用绝对环保！

师：妙！

生：也可以发明驱蝇门，一装上，拒苍蝇于大门之外。

师：我看大家现在还在屋内打转，能不能向室外发展一下，改变改变学校或小区的面貌？

生：我发明灭蝇路灯，一边照明，一边吸引苍蝇，消灭苍蝇，整个小区环保清洁，没有苍蝇蚊子！

师：这种路灯一定畅销！

生:老师,我设想有一种灭蝇垃圾箱,它的样子蛮可爱的,可以是卡通形象,也可以是动物形象。白天它会发出气味吸引苍蝇,晚上还会发出亮光吸引苍蝇。苍蝇一旦飞进它的嘴里,会有一套特殊的处理装置,很快使苍蝇化为乌有!

师:确实厉害!不过,它的形象和装置还需要你再详细设计!

生:当然!

(这里学生又发明"灭蝇雕塑""灭蝇广告牌""灭蝇花木""灭蝇栏杆"等,教师相机引导。)

师:如果从我们身边的东西来发明,又会有哪些发明呢?比如我们穿的、用的?

生:(沉思片刻后)我发明灭蝇书包,这个书包——

师:打断一下,你这个书包,是准备吸引苍蝇呢,还是赶走苍蝇?

生:这——还是赶走苍蝇吧!

师:那还是叫驱蝇书包,如何?

生:好的。这个书包绿色,代表环保,其他装置和别的书包没有区别,但专门有一个设计,开关一开,绿灯一闪,书包会散发出一种气味,人没有感觉,也不会伤害人类,但苍蝇却是避之唯恐不及,早跑远了!

师:不错!

生:我发明灭蝇衣服,特殊材料,穿上永远不遭苍蝇叮蚊子咬!

师:对,还要好好设计!

(此处学生又设计"灭蝇课本""灭蝇笔""灭蝇鞋袜""灭蝇帽"等,教师相机引导,注重构造、使用、原理的同时,关键是要打开学生思路。)

师:男同学有打过电子游戏的吗?上面有许多新式武器——谁能发明新式灭蝇武器?

生:我发明灭蝇枪,它是一种男孩子的玩具,但是可以发出能杀死苍蝇又不伤害人体的激光,一束激光射出,屋内苍蝇死光光!

师:好!激光已经引到灭蝇领域。还有吗?

生:我发明灭蝇导弹。也是一种玩具,看到苍蝇,只要一按键,发射出导弹,当然是杀死苍蝇不伤人,导弹的优点是可以追踪。苍蝇飞高它也飞高,苍蝇拐弯它也拐弯,速度快,苍蝇怎么也跑不了,追上,啪!完蛋!

师:真棒!

(此处学生其他发明略。)

师：同学们，我们从室内到室外，从穿的到用的，现在又到了武器，这么多发明！哎，现在有一种科学技术，说是从羊身上取下一个细胞，经过培育，就会变成一只一模一样的羊——

生：（接）克隆！

师：对了，谁来克隆一下？

生：我来克隆苍蝇的天敌——壁虎。这种壁虎杀伤力非常大，它发现苍蝇后，悄悄靠近，以迅雷不及掩耳之势伸出舌头，吃掉苍蝇。它一天可以吃几百只苍蝇呢！

生：我发明灭蝇青蛙。它有一个超级长的舌头，一伸出，可以把很远的苍蝇吃掉。

师：我问一下，你那个青蛙舌头有多长？

生：（稍微顿一下）要多长有多长！

（学生大笑。）

师：可真够长的！

生：我克隆新式的灭蝇苍蝇！这种苍蝇看上去和普通苍蝇没有区别，但却是苍蝇克星。它先引诱苍蝇靠近它，然后吃掉！哦，对了，可以用男苍蝇引诱女苍蝇，女苍蝇引诱男苍蝇。

师：哈哈！美人计都用上了！以毒攻毒！高！

生：（接）实在是高！

（学生其他发明略。）

四、合——奇思妙文顶呱呱。

师：这么多这么棒的发明，你们猜，如果真的制成灭蝇器材，会怎样？

生：肯定世界上苍蝇绝种了！

生：一定很受欢迎！

生：这个专利值很多钱呢！

师：不错。但是，怎样才能让别人充分了解我们的发明呢？我们来写一篇介绍的文章，怎么写呢？

生：我觉得可以从外形、构造、用途、原理几个方面来写，会很清楚。

生：可以以第一人称写，把自己当成设计的灭蝇器材，这样会更生动些。

生：还可以像广告说明一样写，这样更正规一些。

师：好，几种写法都可以。你们自己选择喜欢的写法，把自己的设计写下来。如果写得好，被采用了，真的了不得！

语文实践活动

灾难　生命

睢如军

一、设计理念

1.2008年5月12日，四川汶川发生了8.0级的大地震，灾难的不期而至，让无数的生命悄然而逝。在地震发生后的一段日子里，报纸电视、街头巷尾、茶余饭后人们谈论的都是同一个话题。无疑我们的孩子已对灾难有了自己的认识，对生命也有着自己的感悟。因而我想以“灾难—生命”为主题，开展一次语文综合实践活动，把灾难再一次摆到孩子面前，让他们直面灾难，感受生命的脆弱与坚强，引发他们对生命的思考。

2.本活动的开展过程中，需要学生自主地进行调查采访、收集整理。这其间，学生无论原有的语文基础如何，语文素养怎样，都能在实际的语文实践活动中有所收获。活动中需要对资料进行分析整理，需要记录活动的情况，需要交流活动所得，无疑促进了学生运用语文能力，也很好地体现在用语文中学语文的理念。

二、活动目标

1.通过各种渠道搜集相关资料，培养学生搜集、处理、运用信息的能力。

2.通过查资料、做调查、创情境、谈感受等学习方式培养学生的综合素养。

3.感受生命在灾难面前的脆弱和顽强，引发学生对生命的感悟和思考。

三、活动过程

【第一阶段:活动准备】

1.通过看电视、报纸，上网查找等方式了解四川汶川地震的相关报道，组合成系列文字。

2.学生搜集古今中外特大灾难的资料，选取最受震撼的汇集材料。

3.学生搜集人类面对巨大灾难时的感人故事。阅读推荐文章《地震中的父与子》《船长》、2008 年 13 期《读者》(灾难专辑)等;组织观看电影《泰坦尼克号》。

4. 做一次社会调查。(调查主要内容:①人们对灾难的认识②人们在灾难面前的态度③人们对受灾人民的态度。)

【第二阶段:课堂展示】

一、灾难篇——灾难让生命瞬间消逝!

1. 激情导入。

师板书:川。看到这个字你想到什么?(生:山川,河流,天府之国。)然而,现在这个字也频频出现在我们的眼前,你又想到了哪些?(四川、汶川、北川、青川。)2008 年 5 月 12 日,一场天灾猝然降临,让曾经被称为"天府之国"的四川瞬间变成"人间地狱"。一幅幅惨不忍睹的画面,一声声撕心裂肺的呼唤,让我们每个人潸然泪下。

2. 灾难回放。

音乐声起,屏幕出现相关灾情组图(地震所造成的房屋倒塌、人员伤亡的照片)。(此时教室一片寂静,学生表情严肃,有的学生眼圈红了,有的学生已噙满泪花……)师:看着这些图片你想说些什么?(生谈感受。)

3. 灾难点击。

(1)师:一次强震就夺去了数万人的生命,让几十万人无家可归。其实,古今中外,我们人类遭受了无数的灾难,请同学交流课前搜集的灾难资料。

(2)师:大家在介绍搜集的材料时要注意合理筛选,重复的不必介绍,介绍时语言简练要能吸引别人。下面先请同学们分组交流自己搜集的材料,然后选出最有说服力的、最震撼人心的材料来集体交流。

(3)学生介绍筛选后的材料。

①大约 2000 年前的一场天花,在罗马肆虐了 15 年之久,它使数百万人丧命,城市废弃,田园荒芜。②2003 年一场突袭而来的 SARS,共造成全球 8456 人发病,809 人死亡。③2004 年 12 月 26 日,一场突如其来的印度洋大海啸夺去东南亚及印度等地区 30 万~50 万人的性命。④2005 年 8 月美国遭到了卡特里娜飓风的袭击,这是美国自"9·11"恐怖袭击事件以来遭遇到的最大灾难,飓风造成 1200 多人丧生。⑤今年 5 月,缅甸的强热带风暴又夺去了十几万人的生命。

(4)播放印尼海啸录像,再次感受灾难。

4. 直面灾难。

(1)师:疾病、地震、海啸、台风……这些灾难随时都会降临人间。灾难的突然降临使无数的家园一夕梦碎，无数的家庭生离死别，无数的孩子成为孤儿。看着这一幕幕惨不忍睹的画面，看着这一组组触目惊心的数字，此时你想说些什么？

(2)生自由谈感受。

生：突如其来的灾难真让人措手不及。

生：人的生命在灾难面前真是太脆弱了，一场天花居然夺走了70%的罗马人的生命……

二、生命篇——生命因灾难而如此绚丽！

过渡：灾难面前，生命原来如此脆弱，面对灾难生命却又如此绚丽。

(一)一个事例

1. 师：突如其来的地震让房屋轰然倒下，许多人被埋在废墟之下，然而生命的奇迹一个个出现……

2. 这是一位在地震中获救者文键的内心独白(师深情讲述)：“夜幕渐渐降临了，我不敢睡去，害怕一睡不醒丧失求救的机会。每次我都大喊救命，但外面的人没有听见。在这种希望和失望的交织中，我深受煎熬，感觉生不如死。时间一分一秒过去，生的希望正一点点地磨掉。我当时想，要是天明之后再没有人来救我，我就一了百了，免得再遭罪。但我又想我不能就这么离开，我要坚强地活下去，终于有人发现了我……”

3. 走进文键的内心。面对灾难，面对死亡他是如何做的？如何想的？他活下来依靠的是什么？

4. 灾难面前我们看到了生命的坚强，这样的事例还有很多，请同学来讲一讲你们课前收集的相关资料。

5. 生交流。

生：《地震中的父与子》的父亲用自己的双手扒开废墟救出孩子。

生：背压三块预制板的陈坚用自己的坚强与执著与死神抗争。

生：38岁妇女崔昌惠被困在大山一引水洞里216个小时，被成功救出后嘴里嗫嚅着“我要活下去，一定要坚持下去”。

过渡：灾难面前，让我们看到了一个个生命的奇迹，让我们感受着生命的坚强。是的，能够活着真好。然而面对灾难，也有许多人置自己的生命于不顾，这不禁让我们再一次去审视生命。

(二)一种姿势

1. 出示语段一：船长哈尔威屹立在舰桥上，一个手势也没有做，一句话也没有说，随着轮船一起沉入了沉渊。人们透过阴森可怖的薄雾，凝视着这尊黑色的雕像徐徐沉入大海。(《船长》)

2. 出示语段二：他弓着身子，张开双臂紧紧地趴在课桌上，伴着雷鸣般的响声，冰雹般的砖瓦、灰尘、树木纷纷坠落到他的头上、手上、背上，热血顿时奔涌而出；他咬着牙，拼命地撑住课桌，如同一只护卫小鸡的母鸡，他的身下蜷伏着四个幸存的学生，而他张开守护翅膀的身躯定格为永恒。

3. 默默地读这两段文字，画出让你震撼的一句话，说说自己的感受。

4. 师：这就是他们生命的最后姿势，灾难来临时，他们用生命挽救另一个生命，用自己的生命彰显生命的价值！

5. 出示图片（温家宝在灾区挥手的姿势、女警哺乳的姿势等）。

6. 师：这一种种姿势让我们为之震撼，请同学们选择其中之一为其命名，并说说自己的理由。

学生命名：

飞翔（他在地震来临之时，张开自己的双臂保护自己的学生，就像一只展翅欲飞的雄鹰，但他却是为了让孩子们能够飞翔）；

最甘甜的乳汁（一位女警已经失去了自己的孩子，但她将自己生命的乳汁给了一个个灾区的孩子，让孩子们延续了生命）；

妈妈不哭（一个三四岁的孩子偎在妈妈怀里，仰脸望着妈妈）；

烛光——照亮天堂的路（5月19日14时28分，在天津抗震纪念碑前，市民摆放蜡烛，向汶川地震死难者致哀）；

家园虽毁，我梦犹在（一个灾民回望一片废墟的家园）；

祈祷天堂里没有哭声（一位老人双手合十真诚哀悼）；

温暖和鼓励（5月25日，绵阳九州体育馆，两个不相识的小朋友拥抱在一起）；

身在天堂，心在学堂（汉旺镇一位遇难女学生的手依然紧紧握笔）；

向灵魂低头（日本搜救队在掘出被埋100多个小时的一对不离不弃的母女遗体时，全体队员列队默哀、致敬）；

为生命致哀（2008年5月19日14时28分，全国降半旗，向死难者致哀）；

……

（三）一段话语

1. 出示经典语录：

“哪怕只有百分之一的希望，也要尽百分之百的努力。”

“废墟下哪怕还有一个人，我们都要抢救到底。”——温家宝。(感动中国的总理对人民的承诺)

“亲爱的宝贝，如果你能活着，一定要记住——我爱你。”——一位母亲身躯成拱形，护住四个月大的孩子，这是她留给孩子最后的短信。(穿越生死的亲情)

“没有路，肩膀就是通道”——一位年轻的战士背着一位受伤的老人一边走一边对记者说。(血浓于水的军民之情)

“今晚的月亮真圆”——一个被困120小时的女孩终于被救起，他的男友，从她被发现时就一直陪着她。这是女孩被救后说出的第一句话。(爱情，让灾难和死神望而却步)

“叔叔，谢谢你。”——2008年5月13日，被救少年郎铮向救援战士敬礼致谢，嘴里断断续续地说。(让所有人敬佩的懂事和坚强)

“里边还有人，让我再救一个吧!”——因为强烈余震，一个正在施救的战士被强行拉了出来。他泣不成声，跪下请求。(以生命的名义呼唤生命)

“再大的灾难除以13亿就会变得很小，再小的爱心乘以13亿就会汇成爱的海洋”——赈灾晚会上某企业领导握拳发表感言。(迅速在网络流传的一句贴心话)

……

2. 深情地读一读这些话语，选择其中的一句话谈自己的理解。

3. 配乐感情朗读《生死不离》。

4. 师：透过这些话语我们看到了灾难发生后，人们最关注的是生命，最敬畏的依然是生命，透过这些话语我们感受到了灾难面前那浓浓的亲情、爱情、军民之情。

(四)一种表情

1. 诗朗诵《我有一个强大的祖国》。

2. 出示相关表情图片，学生为图片配解说词。

生：这是一个天使般的微笑，这位年轻的护士用自己天使般的笑容给伤者以最大的鼓励和安慰，这微笑让他们暂时忘记了灾难，让他们看到了生命的希望，让他们鼓起了生活的勇气。

生：勇敢、坚毅！尽管被压在预制板下，但他透出的那一张坚毅的脸告诉我们我会坚强，我要顽顽强强地活下去。

生：听啊，听啊，废墟下的读书声，驱赶恐惧，与死神抗争，召唤着生的希望。

……

（五）一则日记

1. 指名读北川中学高中部 2008 级 7 班邓桂花同学的日记《生命之花永不会凋谢》：

是的，我们曾经绝望，曾经放弃……我们永远不会放弃希望……我们听到的是所有人的呼唤，呼唤我们要坚强，要坚强！我们并没有被打倒！我们并没有被抛弃！我们是强者，是命运的主人……

2. 灾难可以摧毁我们的家园，可以夺去我们亲人的生命，但摧毁不了我们直面生活的勇气。生命的长河是无止境的，它不会因任何困难挫折而停止！

三、思索篇——面对灾难，生命如何抉择！

1. 刚才，我们感受着灾难面前生命的脆弱，也感受着灾难面前生命的坚强，然而在灾难面前许多人有着不同的态度，我带给大家一个小故事：有一天五个伙伴在一块巨岩下避雨，突然一块石头落下来，瞬间砸死了一个孩子。目睹活生生的同伴惨死在自己面前。四个小伙伴内心受到极大地震撼，他们在以后的生活中选择了不同的人生方向。一位同伴常常感到悲观失望，觉得生命是如此短暂，不久他得了抑郁症；另一位则整天战战兢兢，眼前常浮现出灾难发生时的那一幕，不久精神失常；还有一个同伴觉得人的生命随时都会消逝，要享受好每一天，于是及时行乐，不久却成了罪犯；最后一个同伴则感受到了生命的可贵，珍惜自己的生命，努力实现着自己的生命价值，他创造了自己的美好人生。

2. 在刚才的故事中，这四种人有什么不同的态度？生自由交流。

3. 调查情况的反馈。课前请大家做了一次社会调查，请你们来汇报一下调查的情况。

4. 面对灾难，我们该如何审视自己短暂的生命？请大家结合社会调查和刚才的材料学习谈谈自己的看法。用一两句话写一写对灾难生命的感悟。

5. 书写生命感言。

生：人有时真的很脆弱，一次意外，一次灾难，就可能会让我们失去生命。我们必须珍爱生命。

生：灾难不息，生命不止。

生：对于每一个人来说，上帝是公平的，他给每个人的都是只有一次的生命，但是，同样的生命却各有不同的精彩，不变的是生命的价值。在生活的大海里，时时会有海浪侵袭，不管你怎么样改变，贫穷还是富贵，快乐还是悲惨，你还是你，你的价值永远不会丧失。

生：有人说：人的一生应当这样度过，当他回首往事的时候，不因虚度年华而悔恨，不因碌碌无为而羞愧。我想把这句话送给自己。

生:如果灾难不能避免,那么让我们勇敢面对,让我们努力,让有限的生命像鲜花一样绽放。

生:灾难剥夺生命,泪水漫过大地。我们——擦干泪水,擦干血迹,继续前行!

……

【第三阶段:课后实践】

1. 写一篇有关“灾难　生命”体会的作文。

2. 出一期相关的手抄报。

真情的碰撞　生命的洗礼

——睢如军老师《灾难　生命》一课赏析

语文综合实践活动怎么开展?我的理解,要有三个“注重”:1. 注重实践。“你要有知识,你就得参加变革现实的实践。你要知道梨子的滋味,你就得变革梨子,亲自吃一吃。”(毛泽东)可见,实践就是体验,是获取知识提高能力的最佳途径。从现实教学中我们也知道,经过实践获得的知识能力才最真切、最透彻、最深刻,因为“纸上得来终觉浅,绝知此事要躬行”。注重实践就是注重过程。2. 注重综合。语文综合实践活动的内容和形式是综合的,也是开放的,它不分“门派”,打破“国界”,不仅各学科知识可以沟通融合,学生的书本知识和社会知识也要“综合”,这决定了它对学生心灵和情感世界的影响是全面的,对学生知识形成的影响也是综合的而非单一的,它的宗旨是促进学生的全面发展。3. 注重语文。语文综合实践活动的落脚点仍在语文,提高学生的语文素养,让学生掌握语言的规律是贯穿始终的主线。所以,语文综合实践活动课仍然姓“语”。

走出睢如军老师《灾难　生命》的课堂,心绪难平,晶莹的泪,潮湿的心。

让我们再来回味那精彩的设计、动人的细节吧!

一个直切心灵的主题

5月12日,四川巨震,举世震惊,举国哀痛。新中国成立以来危害程度最深、伤害范围最广的汶川特大地震,自从发生的那一刻起,就牵动了普天下中华儿女的心,也成为世界关注的焦点。铺天盖地的媒体报道一定也给孩子们带来巨大的震撼,可以想象,对于灾难，他们有多少情况想要了解，有多少话想要倾吐！“灾难　生命”这是一个多么适时的话题，这是一次多么及时的活动！它紧紧把握时代的脉搏，直切学生的心灵！活动中，孩子们搜集、整合（资料）是那么认真，阅读体验是那么投入，倾诉交流是那么酣畅！

由此，想到了“文本”。主题就是语文综合实践活动的文本。相对于语文书上固定的文本，这场百年不遇的民族大灾难所蕴含的内容——对灾难的认识、对生命的召唤、大爱的汇聚和对生命的思索——都可以成为也应该成为更广阔的文本资源。我们知道，在灾难发生后的每一天，在许多老师的课堂上，都不止是在讲书本上的语文，我们在讲灾情，讲救援，讲捐助，讲爱心……睢如军老师正是在这个特殊的时机发起了这次特殊的活动，为学生搭建了认识灾难、感受爱心、宣泄情感、思索生命的平台。整个活动中，学生的心情如一池湖水，倏忽掀起巨澜，继而波翻浪涌，最后归于平静。这平静，却是震荡后的平静，带着一些震撼，一些感动和一些思索。

一个适时的主题，“一石激起千层浪”，给了学生一次体验，一次碰撞，一次洗礼。

选择主题，教师要有一双善于发现的眼睛，更要有一颗敏感的心。

一次深入浅出的综合

1. 搜集。

铺天盖地的材料如何搜集？这关键在于学生筛选、整合等处理信息的能力。实际教学中我们的学生往往是搜集资料易，处理信息难。课上往往是资料的堆砌，缺少分类、概括和融合。而睢老师这次活动对处理信息提出了具体要求——“组合相关资料文字”“选取最受震撼的中外特大灾难资料”。“组合”“选取”就是处理信息的具体要求。因此在上课之前，学生搜集处理的过程，便自己进行了一次“综合”。

2. 展示。

课上的综合还在继续。“灾难篇”里，播放过地震实录的画面后，孩子们眼含热泪。这时，教师适时把话题引向古今中外人类无数的灾难——疾病、洪水、地震、海啸……此时孩子们搜集整合过的资料又汇集在一起，分组进行交流、比较、组合，进行了一次小组间的“综合”。教师的要求“最有代表性的”“最震撼人心的”又一次起到导航的作用。

“生命篇”中，教师通过“一种姿势、一段话语、一个表情、一篇独白”等板块，将学生的目光从事件转到人物，从群体投向个体，开始关注一幕场景、一个生命，一处细节，从而感受细节背后的情感和人性的力量。着眼于广阔的事件背景，抓住细节去品味感悟，学生真情的表达喷薄而出！而这，正是深入地阅读体验后“综合”的结果。

课堂的最后一次综合出现在“思索篇”——学生结合自己社会调查的结果和课上材料的交流，来审视短暂的生命，从而引发更深入的思考。从事件到个体，从他人到自己，孩子们又要进行一次反思、提炼，组织语言并进行表达。这又是一次深入的“综合”。

综合，是一个人能力的集中体现。多层次的综合能力的训练，就是在提升素养。

一段真情迸射的“语文”

一个命名，一段配音，一席感言……课堂上的几处精彩表达彰显着语文的魅力。它的躯体叫语文，它的灵魂叫真情！

我们撷取几则来赏析：

命名——教师请同学为图片命名，学生的取名渗透着真情崇敬、感动和思索……

“飞翔”“最甘甜的乳汁”——这是对英雄的礼赞！有一种爱护叫翅膀，有一种姿势叫飞翔，有一种生命叫绽放，有一种勇敢叫力量！相信对英雄的崇敬已经在孩子心里扎根，烈士的英魂也会在天国飞翔！

“妈妈不哭”“烛光——照亮天堂的路”——多么温柔的心。闪烁的烛光寄托着哀思，这是对逝去的生命的最后呵护。在孩子心里，已经有一块柔软的地方，为别人，甚至一个陌生的生命。

“家园虽毁，我梦犹在”“身在天堂，心在学堂”——我们读出一幅让人心碎的画面，一种让人痛心的坚强。天堂里有没有安静的课堂？

“向灵魂低头”——敬重生命，死者也有尊严，今天的孩子也懂得。

这些从孩子心底里流出的一个个“命名”，令我们动容，令我们起敬。

感言——感受着生命的脆弱和坚强，审视自己短暂的生命，教师请学生写对生命的感言……

“灾难不息，生命不止。”

“如果灾难不能避免，那么让我们勇敢面对，让我们努力，让有限的生命像鲜花一样绽放。”

“灾难剥夺生命，泪水漫过大地。我们——擦干泪水，擦干血迹，继续前行！”

不必再多做评论，只能击节叫好！

深刻的、说不出的痛苦可以称作一种洗礼、一种新生和进入一个新阶段的开始。

愿这次体验、这次洗礼永留心中！愿这节课孩子们永不忘记！

课外阅读课

走进《三国演义》(课堂实录)

一、谈话导入

师:你们是凤凰花园城小学几年级的学生?

生:五年级。

师:我是谁呀?

生:你是特级教师张学伟。

师:你怎么知道的?

生:我看的投影大屏幕。

师:这个同学一到会场,马上看周围的环境,大屏幕上有我的名字,他就获得了一个信息,这种学习能力很重要。大家怎么称呼我?

生:张老师好!

师:很多老师上课都有一个习惯,喜欢提问题,张老师也不例外。我想问大家一个问题,你们猜我会提什么问题?

生:我们读过多少课外书?

师:你们读得多吗?

生:多!

师:但这不是我的问题。

生:你想问我们读过《三国演义》吗。

师:你们读过吗?

生：读过。

师：我知道你们肯定读过，这也不是我要问的。

……

师：这个问题不问了，猜到明天你们也猜不着。这个问题我来问，眼睛看着我，我的问题是，我长得怎么样？

生：还行吧。

生：身材有点胖。

师：他说了我一个特点，身材有点胖，还有什么？

生：个子不太高。

生：挺有学问的。

师：你从哪里看出我有学问？

生：我从你的眼睛里看出你懂得很多知识。

师：不是眼睛，是眼镜吧？（生笑。）

生：你有啤酒肚，好像很有学问。

师：他说我肚子里都是学问啊。谢谢！第一次见面，就说老师个子不高，身材不好，不怕我生气？

生：您不会生气。

师：为什么？

生：我看您笑眯眯的，挺和善的。

师：呵呵。谢谢。看来同学们一见面就会抓住一个人的特点啊。不错。

二、漫谈《三国》

师：那么我要说一个《三国演义》中的人，你能猜猜他是谁吗？

生：能。

师：列位，下面我给大家推荐一个人，此人是《三国演义》中的一员猛将——见此人，跳下马来，平顶身高在九尺开外，五绺长须足有两尺多长，飘飘洒洒，煞是好看！往脸上看，面如重枣，卧蚕眉，丹凤眼，相貌堂堂，威风八面！胯下千里追风赤兔马，掌中青龙偃月刀。他曾经汜水关温酒斩华雄，虎牢关三英战吕布，白马坡匹马刺颜良，延津渡快刀劈文丑，单刀赴会，水淹七军，威震华夏第一将，五虎上将第一名！

生:关羽!

师:你了解关羽吗?

生:他字云长。

师:他是蜀国的一员猛将。谁知道有关关羽的故事?

生:关羽刮骨疗毒。

师:关羽很勇敢。

生:关羽过五关斩六将。

师:关羽武功高强。

生:关羽温酒斩华雄。

(师简述温酒斩华雄的故事。)

生:刘关张桃园三结义。

生:关羽水淹七军。

生:关羽败走麦城。

……

师:大家都看过《三国演义》,我们了解了不少。同学们想讲什么就讲什么,想讲谁就讲谁。每个同学都要发言。

生:《三国演义》里魏国最强,蜀国最弱。

生:刘备遇到了诸葛亮,开始打胜仗了。

师:对啊,自从得了诸葛亮,刘备说,我就如鱼——(生:得水。)

生:关羽的武器青龙偃月刀长九尺五寸,重八十二斤,上镶蟠龙吞月的图案,是关羽的得力武器。

生:关羽的坐骑是赤兔胭脂马,是曹操给关羽的,原是吕布的。

师:你知道曹操为什么送马吗?今天我们就有一个故事是关于曹操送赤兔马的故事。后面我们再说。

生:我想讲赤兔马的事情。赤兔马是跑得最快的马,浑身都是像火一样红。最后,关羽死了,赤兔马也绝食死了。

生:我知道常山赵子龙在长坂坡为了救刘备的孩子阿斗杀了七进七出。

生:我知道张翼德据水断桥的故事。

……

师:看来,同学们了解的可真不少啊。真好。

三、故事分享

故事一

师:大家对《三国演义》中的故事都有些了解,我这里也有几个故事,大家一起来分享、体会。第一个故事没有明白地告诉你,但是你能猜得到。这里有一首诗,谁来读?

【PPT:一天浓雾满长江,远近难分水渺茫。骤雨飞蝗来战舰,孔明今日伏周郎。】

生:生齐读。

师:这个故事叫什么?

生:草船借箭。

师:谁把《草船借箭》的故事梗概简单地讲一讲?

(生介绍故事详情。)

师:草船借箭这个故事关键就在一个字,哪个字?

生:借。

师:对了。这个故事中诸葛亮借了箭,还借了什么?

生:借了天气,漫天的大雾,正好去借箭。

生:借了鲁肃的二十只小船,还有五百兵士。对了,借了稻草人。

生:我觉得他还借了曹操的疑心。他知道曹操是多疑的,所以大雾天去骚扰,曹操肯定不敢出兵。

……

师:《三国演义》里诸葛亮还借过什么?

生:借过东风。

师:还借了什么?还借了一块地方——

生:荆州。

师:诸葛亮一直在借,借天气,借地势,借敌人的矛盾,还借别人的心理。他总是借用对自己有利的方面来达到自己的目的。你们说,他聪明吗?

生:聪明。

师:诸葛亮在《三国演义》里是智慧的化身。

[板书:诸葛亮　智　(借)]

故事二

师:我还请大家认识一个人。

【PPT:曹操,字孟德,汉丞相,三国军事家,著名诗人。领军与袁绍战于官渡。】

(指名读。)

师:还有一个人——

【PPT:许攸,字子远,袁绍手下谋士,曹操旧友。大战前投奔曹操。】

(生读。)

师:我们来看许攸投奔曹操前发生的一段故事。

【PPT:　　　　　　　　**许攸问粮**

却说曹操守官渡,自八月起,至九月终,军力渐乏,粮草不继。

一夜,军士忽报:"南阳许攸来见。"时操方解衣歇息,闻说许攸(从袁绍处)私奔到寨,大喜,不及穿履,赤足出迎,遥见许攸,抚掌欢笑,携手共入,操先拜于地。攸慌扶起曰:"公乃汉相,吾乃布衣,何谦恭如此?"操曰:"公乃操故友,岂敢以名爵相上下乎!愿即教我以破绍之计!"攸曰:"公今军粮尚有几何?"操曰:"可支一年。"攸笑曰:"恐未必。"操曰:有半年耳。"攸拂袖而起,趋步出帐曰:"吾以诚相投,而公如此相欺,大失吾望!"操挽留曰:"子远勿怪,尚容实诉:军中粮实可支三月耳。"攸笑曰:"世人皆言孟德奸雄,今果然也。"操亦笑曰:"岂不闻兵不厌诈!"遂附耳低言曰:"军中止有此月之粮。"攸大声曰:"休瞒我!粮已尽矣!"操愕然曰:"何以知之?"攸乃出所获之书以示之曰:"此书何人所写?"操惊,执其手曰:"子远助我!"攸曰:"袁绍军粮,尽积乌巢。公可选精兵诈称袁将领兵护粮,乘间烧其粮草,则绍军不三日将自乱矣。"操大喜。】

(生自由读。)

师:读的感觉怎么样?和我们平时学的课文一样吗?但是把它读好更不容易。请一个同学来读。

(生读。)

师:给他鼓鼓掌,很不容易,这是段半文半白的文字。(板书:曰)这个字是什么?好像是"日"字,但我写粗一点,就像我的身材,胖胖的,什么字?

生:曰。

师:什么意思?

生：说。

师：曹操曰就是——

生：曹操说。

师：许攸曰就是——

生：许攸说。

师：张老师曰就是——

生：张老师说。

师：那好，今天你上完课回家，就把我今天给你们上课的情况给你的父母曰一曰。好吗？

生（笑）：好。

师：能这么说话吗？

生：不能。现在都用说字，不用曰字。

师：是啊，不能乱掉书袋子啊，不然，就成了书呆子了。（生笑。）

师：再看这个字——（板书："吾"，注音）

（生读。）

师：这是说谁？

生：自己。

生：我。

师：好。我们再来读一遍。

（生齐读。）

师：这个故事讲许攸问粮，共问了几次？曹操都有回答，我们把精彩部分一起来读一读。我读许攸，你们读曹操。

师：公今军粮尚有几何？

生：可支一年。

师（笑）：恐未必。

生：有半年耳。

师（装作拂袖而起，要走的样子）：吾以诚相投，而公如此相欺，大失吾望！

生（急忙）：子远勿怪，尚容实诉：军中粮实可支三月耳。

师（笑，指着学生）：世人皆言孟德奸雄，今果然也。

生(笑):岂不闻兵不厌诈!(附耳低言)军中止有此月之粮。

师(大声):休瞒我!粮已尽矣!

生(惊讶的):何以知之?

师(装作拿出书信):此书何人所写?

生(拉住老师的手):子远助我!

师:"袁绍军粮,尽积乌巢。公可选精兵诈称袁将领兵护粮,乘间烧其粮草,则绍军不三日将自乱矣。"

……

师:第一次曹操说有多少粮食?

生:一年。

师:第二次呢?

生:半年。

师:第三次?

生:三个月。

师:然后呢?

生:一个月。

师:实际呢?

生:只有三天!

师:一年,半年,三个月,一个月,其实只有三天的粮食!没想到啊,曹操附在许攸耳边讲的那句话其实仍然是一句假话——曹操这个人怎么样?

生:奸诈。

生:狡猾。

生:心机深。

生:深不可测啊。

生:我都怀疑他说的三天粮食是不是真的。

(师板书:曹操——奸诈。)

故事三

师:我们再来读一个故事。

【PPT：关羽，字云长，三国名将。战败后暂降曹操，后离去，是后世忠义的化身。】

（生齐读。）

【PPT：

曹操施恩留关公

关公自到许昌，操待之甚厚：小宴三日，大宴五日；又送美女十人，关公尽送入内门，令伏侍二嫂。

一日，操见关公所穿绿锦战袍已旧，即取锦袍一领相赠。关公受之，穿于衣底，上仍用旧袍罩之。操笑曰："云长何如此之俭乎？"公曰："某非俭也。旧袍乃刘皇叔所赐，某穿之如见兄面，不敢以丞相之新赐而忘兄长之旧赐，故穿于上。"操叹曰："真义士也！"然口虽称美，心实不悦。

忽一日，操请关公宴。临散，送公出府，见公马瘦，操令左右备一马来。须臾牵至。那马身如火炭，状甚雄伟。操指曰："公识此马否？"公曰："莫非吕布所骑赤兔马乎？"操曰："然也。"遂送与关公。关公再拜称谢。操不悦曰："吾累送美女金帛，公未尝下拜；今吾赠马，乃喜而再拜，何贱人而贵畜耶？"关公曰："吾知此马日行千里，今幸得之，若知兄长下落，可一日而见面矣。"操愕然而悔。后人有诗叹曰："威倾三国著英豪，一宅分居义气高。曹操枉将虚礼待，岂知关羽不降曹。"】

师：我们来读这个故事。（师范读。读的过程中随机理解"然口虽称羡，心实不悦"，"何贱人而贵畜耶"。）

（生自由读。）

生：（师指读）"某非俭也。旧袍乃刘皇叔所赐，某穿之如见兄面，不敢以丞相之新赐而忘兄长之旧赐，故穿于上。"

师：曹操赠给关羽什么？

生：锦袍。

师：可是关羽却非要把旧袍子穿在外面，为什么？

生：因为他想念大哥刘备。

生：因为他看见旧袍子就想起刘备、张飞。

师：在关羽心里谁更重要？

生：刘备。

师：曹操嘴上夸他义气，心里高兴吗？

生：不高兴。

生：（师指读）“吾知此马日行千里，今幸得之，若知兄长下落，可一日而见面矣。”

师：曹操又赠他什么？

生：赤兔马。

师：他为什么“再拜称谢”？

师：他为什么再拜曹操？

生：因为赤兔马跑得最快，如果得到刘备消息，可以尽快见到他。

生：因为关羽太想念刘备了。

师：对啊，还是为了谁？

生：刘备。

师：关羽怎么样？

生：重义。

（师板书：关羽——义。）

师：在这个故事中，曹操是怎么拉拢关羽的？“小宴三日，大宴五日”，一个字概括？

生：酒。

师：又送美女十名。

生：色。

师：而且送的还有金帛。金帛是什么？

生：财。

生：而且曹操还给关羽封了官——汉寿亭侯。

师：但是关羽最后怎么做呢？挂印封金！

师：酒色财，还有物，关羽留下没？

生：没有。

师：美女——送给嫂嫂。官印——留给曹操。钱财——分文不取。美酒——分毫不动。这就是君子！

师：关羽很讲义气，为了报答曹操，也给他做了几件事，谁知道哪几件事？

生：关羽为曹操杀了文丑和颜良，为曹操解了围。

生：赤壁大战，曹操走投无路，关羽放了他。

师：对啊，都是在最关键的时刻救了曹操。所以，关羽就是一个字——

生：义！

四、人物赏析

师：我们讲了三个故事，说了三个人物，他们只是《三国演义》中的很小的一部分。但是这些故事很有意思。一个写了诸葛亮草船借箭，很有智慧；一个写了许攸问粮，曹操很奸诈；一个讲了关公很讲义气。《三国演义》洋洋洒洒的一部小说，这些人物只是用一个字能概括吗？我们来讨论《三国演义》中一些很有意思的现象。第一个现象是"哭"，谁最喜欢"哭"？

生：刘备。

师：人家说，刘备的江山是哭出来的。《三国演义》里好多次都写到他哭。

生：刘备借了荆州，对方来要，大哭。

师：是啊，一哭，人家只好不要了。赖账。

生：赵云救出他的儿子，他也哭了。

师：对啊，还把儿子假装摔了一下，说，险些丧失我一员大将。收买赵云的心呢。

……

师：今天我们不讲刘备的哭。有一个人很喜欢笑。是谁？

生：曹操。曹操在赤壁大战失败后还笑诸葛亮。第一次他笑，赵云出来了；第二次他笑，张飞出来了；第三次在华容道他笑，关羽出来了，后来他开始哭，关羽就放了他。

师：世界球王贝利，最著名的不是他的脚，而是他的嘴。每四年一次的足球世界杯只要一开始，贝利马上开始预测：巴西队要拿冠军，阿根廷要拿冠军，德国队要拿冠军……凡是他讲的队伍肯定完蛋。所以人们称他为世界有名的"乌鸦嘴"。当时曹操手下的兵肯定在想：不要再笑了，曹丞相，你这个乌鸦嘴，每次都笑出一个人。但是你想想，这是曹操打得最大的败仗了，他还笑得出来。你没有感受到什么吗？

生：曹操很奸诈——他都已经败到那个程度了，还笑得出来。

师：别人都不笑，只有谁笑得出来？

生：曹操。

师：他看出这里可以用兵，曹操的笑也是智慧的笑。曹操的笑还是有勇气的笑。大家一听到他的笑，就明白了，这个人肯定会东山再起的。

师：从刚才光着脚去迎接许攸，从刚才送给关公那么多马、那么多美女，想留住他，看出曹操还有一个特点？

生：曹操识人才。

师：（板书：爱才）我这里还有两个小故事，这个喜欢笑的曹操还有哭的时候呢。

【PPT：典韦：曹操的猛将，力大无穷。为救曹操空手杀敌，力竭战死。曹操亲自祭奠，痛哭："吾折长子、爱侄，俱无深痛；独号泣典韦也！"】

（生读。）

师：什么意思？他最心痛的是谁？（典韦。）

师：比自己的儿子、侄子死了都心痛。你如果是曹操手下的大将，你怎么想？

生：曹丞相还是讲义气的。

生：我以后会对他忠心耿耿。

师：曹操这个哭好像是在鼓励大家。他这哭是给死人哭还是给活人哭的？

生：活人。

师：再读——

【PPT：郭嘉：字奉孝，曹操第一谋士，著名军事家。曾助曹操除袁绍、灭袁术、破吕布。后病死。赤壁大战后曹操大哭："若郭嘉在，决不致有此大失也！哀哉奉孝！痛哉奉孝！惜哉奉孝！"】

师：这个故事讲什么？

生：曹操为郭嘉的死惋惜。

师：这个故事发生在赤壁大战后回到许昌曹操为手下设的压惊宴会上，当时他手下的人好不容易逃了回来，惊魂未定。喝着喝着酒，慢慢大家都开始笑了。他们打败仗的时候都哭了，曹操笑了；现在喝酒的时候他们都笑了，曹操却——哭了。他哭谁？

生：郭嘉。

师：你是他手下的谋士，你心里会怎么想？

生：如果说上次曹操为了鼓励大家哭，那这次哭是批评大家，批评大家不如郭嘉。

师：对。曹操两次哭，第一次鼓励大家，第二次就像嘴巴一样会打人。曹操真是厉害，有心机啊。

师：我们再来说说诸葛亮，这里有一首诗。

【PPT：

蜀 相

丞相祠堂何处寻？锦官城外柏森森。

映阶碧草自春色，隔叶黄鹂空好音。

三顾频烦天下计，两朝开济老臣心。

出师未捷身先死，长使英雄泪满襟。】

（生读。突出最后一句："出师未捷身先死，长使英雄泪满襟。"）

师：诸葛亮英华盖世，但是六出祁山，寸功未立。最后一次把司马懿困到山里，用火烧他，眼看就要把他烧死了。这个时候，下大雨了。诸葛亮讲了一句话："谋事在人，成事在天。"所以说"长使英雄泪满襟"。诸葛亮辅佐两代蜀主，呕心沥血，鞠躬尽瘁。近代只有一个人可以和他相比，这个人叫周恩来，是我们新中国的第一任总理。《三国演义》不仅写诸葛亮的智慧，而且写他的忠心耿耿。再看关公，很多人崇拜他，但他有一个致命弱点，是什么？

生：刚愎自用。

师：就是非常骄傲。正是这个弱点，让他大意失荆州，败走麦城。大家看《三国演义》中的这些人物多有意思啊，包括我们所熟悉的周瑜（他有一个致命的弱点：心眼太小）。每个人既有优点，又有缺点。这就叫什么？活生生的人。

（板书：人）

五、总结升华

师：小说给我们呈现的是一个个鲜活的、个性鲜明的、并不相同的人。我们再往深处想一想，看看他们走过的人生道路。你看诸葛亮多有才华，未出茅庐三分天下，人称"卧龙"。但他六出祁山均遭失败，最后星落五丈原。每个人读到这一段都会流下眼泪，他的人生轨迹就是这样。曹操的人生轨迹又是不一样的，关羽的人生轨迹也是不一样的。从小学五年级我就读罗贯中的《三国演义》，每当我再读起《三国演义》，都会感觉其中的人物像朋友一样，他们那么有个性，在自己的人生舞台上起起落落。所以看书要了解故事、了解人物，也要品悟出点什么。现在你们有什么感受？

生：我想去读读《三国演义》。

生：我也想去读读。

师：希望你们再读更多精彩的故事。最后，让我们去读读《三国演义》的片首语，是一首词。

【PPT：滚滚长江东逝水
浪花淘尽英雄
是非成败转头空
青山依旧在
几度夕阳红
白发渔樵江渚上
惯看秋月春风
一壶浊酒喜相逢
古今多少事
都付笑谈中】

教学杂感

眼光有多远　脚步走多远

世界杯硝烟未尽，绿茵场上的每一次拼杀都令我们热血沸腾。然而，热爱和关心中国足球的人忍不住都会想这么一个问题：亚洲的最强队日本、韩国已经打出了亚洲雄风，连阔别44年的"神秘之师"朝鲜面对巴西也虽败犹荣，而我们——中国足球，离世界杯到底有多远？

足球场上，一种打法代表一种精神，一个球队信奉一种理念。曾经，巴西的桑巴舞把足球演绎成令世人炫目的艺术——唯美华丽，追求个性就是他们的理念；德国战车隆隆启动，层层推进，令人心惊胆寒——追求实效，注重整体就是他们的理念；"无冕之王"荷兰队全攻全守，多少次勇士般地战斗，多少回英雄般地倒下——全面攻守，玉碎瓦全就是他们的理念；甚至韩国队，也以他们的顽强在世界赛场留下一抹色彩……

然而，中国足球没有，没有精神，也没有理念。

除了黑哨，除了幕后交易，除了充斥足球界每一个角落的拜金主义，我们找不到精神和理念的影子,哪怕是一点点,所以,中国足球无可救药地完了。

可是,中国的青年队也曾经辉煌过。从黄金一代到白金一代,从白金一代又到超白金一代,名字越来越好听,价格越来越昂贵。但除了面孔以外,他们之间又有什么明显的不同呢?"长大后我就成了你","伤仲永"这样的事情在中国足球领域里已经司空见惯了。我们一次次地看着"才华横溢"变成"庸庸碌碌",一次次地听好汉们口沫横飞地谈论着"当年勇"。我们只有一次次地扪心自问:这究竟是为什么?

有人会埋怨足球环境的恶劣,联赛水平的低下,也有人说中国人种不行,天生不适合踢足球……这些或许都是无稽之谈,但有一点毋庸置疑,那就是中国人的眼光,足球界人士的短视行为、急功近利害了中国球员,也害了中国足球。从少年队到青年队,多少超越年龄、违背科学的"挖掘""榨取",多少风光体面的政绩工程,多少次竭泽而渔……似乎没有一个人懂得厚积薄发的道理,功利思想控制着每个人的头脑。就这样,没有谁为中国球员的明天负责,更没有谁为中国足球的未来埋单。

骆驼可以看到远处沙漠和天交接的地方,而蚂蚁永远只能看到最近的沙丘。就这样简单,眼光望多远,脚步走多远。

教《郑和远航》,学生被郑和第一次远航那宏大的规模所震撼——"两百多艘船只整齐地停靠在码头边。其中六十多艘大船特别雄伟壮观,这些大船又叫"宝船"。每艘宝船长148米,宽60米,有十多层楼房那么高。"

是啊,让我们想象一下吧,148米长,60米宽,十层楼高,该有多大?六十多艘宝船,该是怎样的规模?再来作个比较,会有更深的震撼——

郑和远航后的80年,当时的西方也进行了几次大规模的远航:

1492年,西班牙航海家哥伦布扬帆出大西洋,共三艘帆船,其中最大一艘船大约长36米,船员约90人。

1497年,葡萄牙航海家达·伽马首航率4艘船和船员百余名。

1519年,西班牙航海家麦哲伦船队也只有5艘船300余人。

六百年前,仅仅是六百年前,我国的建船技术,远航技术,船队的规模还远远超出了西方人的想象,领先他们的何止是一百年!然而走向历史,我们品味的更多是辛酸。两千五百年前西方有一位哲学家曾经预言:"谁控制了海洋,谁将赢得世界,失去海洋的民族,最终也将失去家园。"当郑和的船队像一片云一样消失在海洋的上空,哥伦布、达·伽马、麦哲伦的后代却将远航事业进行了下去,最终他们控制了海洋,并从海上用舰炮打开了我们的国门。

1894 年中日甲午海战，大清水师全军覆灭。中国向日本赔偿 2 亿两白银。

1860 年，英法联军攻陷北京，火烧圆明园。

学生一时间陷入沉默。是啊！为什么当郑和的生命走到尽头，中国的航海也画上了句号？火药是中国的发明，外国人却拿着枪炮打开了中国的大门；指南针是中国的发明，外国人却借助罗盘越过茫茫海峡来这个东方大国掠夺；造纸也是中国的发明，可我们却不得不一次次在它上面签下屈辱的不平等条约！这究竟是为什么？

眼光——我们的祖先啊，还没有将眼光投向海洋。

郑和的航海事业未能继承下去，或许已经注定了这个超级大国后来的屈辱。

还是眼光。眼光望多远，脚步走多远。

再看看今天的我们吧，在做些什么？当我们这些小学教育工作者让孩子的童年淹没在无休止的重复抄写、机械练习中，当一个人最有幻想的年龄只能在枯燥的作业堆中度过时，我们缺失的仅仅是精神和理念吗？不，恐怕还有责任和良心。小学教育到底要给孩子什么？我想无非是几条：打好基础、开启思维、养成习惯。而今天，我们对基础的含义理解恐怕还有失偏颇，只有大量的抄写和做练习题才是打基础吗？其实，更重要的是为孩子将来作为一个社会人打好基础。一个社会人应有的思维能力、判断能力、表达能力，还有一定的知识储备，影响一生的行为习惯……这些不都在小学阶段开始启蒙，开始打基础吗？可我们今天做了多少呢？

二十年前，一位教师教语文，强调三件简单的事：1. 早读——就是要大声朗读；2. 家庭作业——就是要大量阅读；3. 写作业——就是要把字写好。这很能给我们一些启示。特级教师程翔说："一位教师，最重要的师德就看他是为学生当梯子，还是把学生当梯子。"而我们现在如果只是把眼光停留在学生的学业成绩上，只以一时一地的分数来评价学生，完全忽略其他，是不是也有一些功利思想在其中呢？这些做法究竟是为了谁呢？为了自己还是为了学生？

亲爱的同行，假如，我们暂时把眼光从书本和试卷上移开，向远处望一望，再远些，再远些，或许你会看到更美的风景。

当然，做一个眼光高远的教师，尤其要付诸行动，需要极大的勇气，甚至付出代价，因为迎接你的也许是阻挠和责难、荆棘和坎坷。但世上，没有任何一朵鲜花的开放不经过风雨艰辛的。即使今天，一位勇敢的教师倒下去，明天，也会有许多真正的人站起来。

今天，让我们扪心自问：你的眼光——放远了吗？

生命如歌　薪火相传

——听“实小老教师报告”有感

“为什么我的眼里常含泪水？因为我对这土地爱得深沉……”聆听着我校三位前辈深情地描述，我心中时时会泛起艾青的诗句。

每次见到毛校长，总是担心他的身体，毕竟已近古稀之年了，脸色又不大好，半生的辛劳和对教育的忧思永远刻在他的心间。清瘦的脸庞不减他对实小的挂念和希望。

每次见到毛校长，又倍感欣慰，他对语文教学的痴爱和敏锐，对新事物的宽容和对传统教学的扬弃，都令我们难以望其项背。他的精神是年轻的，虽岁月逝去，但心仍然火热。

说起来，我和毛特真算是很有师生缘。记得几年前，我到实小来应聘，听我试讲的“评委团”中便有毛特作为重量级的权威代表。事后的讨论我不知道，但在随后的交谈中，毛特问我：今天学生表现不错，哪里还稍有欠缺？我脱口回答，学生尚缺少引经据典，有理有据，有条理地表达自己看法的能力。毛特听后，微笑颔首，这一幕使我至今难忘。

后来，我来到实小，便有了更多向毛校长学习的机会。第一年，我请王主任把我周二上午的课调至下午，以利于我陪毛特听课。“陪”是次要的，学艺才是真的。他对教材精辟的理解，对语文教学的深刻认识都时时让我有茅塞顿开之感。在家乡，我也有一位恩师——狄老师，瘦高，似风吹便倒，分析教材是一绝，但一生淡泊名利，最后退休还是小高。虽是小高，但他的弟子——我们师姐师弟中已有三位特级教师，一位洛阳市教研员。狄老师学识外貌和毛特都极像，一样的学识，一样的为人，一样的亲和，于是见到毛特自然更有几分亲近。

毛特极易激动，研究教学，每至兴奋处，激发灵感，必来回踱步，击掌欢呼，大声发表自己的看法，并时时有爽朗的笑声。我们看着他激动的样子，感受着他的兴奋，他的快乐，他的年轻，心里不由慨叹，这个老顽童！敬意便从心底油然而生。

近日，毛特见我，又提起各年段语文能力目标的问题，能力目标不明确使许多语文课堂失之于空，他为此忧心忡忡。听着他的教诲，看着他焦急的脸，我不由得惭愧：这本该是我应该想、应该做的啊！

听毛校长讲话，很容易被触动，有些话会让我想好一阵子。“睁大眼睛教书，闭起眼睛生活。""研究教材是我最大的快乐!"这些话都令人久久地回味。我常想,这是一位教书几十年,历尽沧桑的老前辈对我们的殷切嘱托啊!

或许,如今的时代也有些不同了,许多教育界同行热衷于名誉,功利心太重,不愿深入教学,但求荣誉成堆。还没到老眼昏花,就坚决不读书学习了。有的志不在此,做官玩乐成为最大的乐趣,或许在今天,这也无可厚非,但前辈的做法真的过时了吗?前辈的精神真的过时了吗?

前一阵给学生介绍《长征》,学生谈到"冷酸灵"在国际市场上与外国品牌抗争,为中国牙膏争一席之地的艰难过程,认为这是长征;学生讲海伦·凯勒的经历,认为人生也是长征……是啊!二万五千里的长征或许已经遥远,在未来的记忆里,它也许只是一段历史的符号,但精神是不会灭的,薪火相传,精神就会永存!

生命如歌,我们的先辈们已经用他们的生命谱就了爱和奉献之歌,他们如歌的生命灿烂如花。如今,接力棒已传到我们手中,我们该怎么办?

懂得敬重崇高,方能知耻后勇。毛特永远是我的老师,无论做学问,还是做人。

我们为什么失语

近日,参加了江苏省教科院组织的全省"教科研基地"六所名校联谊活动,其中有一个环节是对六位优秀教师进行"名师规划"。互动中,一位镇江实小的女教师对台上的"准名师"发问:"最近看了电视剧《潜伏》,深深被余则成的机智和坚定所感动,这部电视剧使人读懂两个字——信仰。而在物欲横流的今天,我们的人生以及我们的事业似乎都缺少信仰。请问你们这些优秀教师,支撑你们事业不断前行的动力是什么?我要听真话!"当时,我本来已经被众位"准名师"冗长又无聊的规划弄得昏昏欲睡,听到这话,却突然一激灵,仿佛胸口被重锤一敲,两个字一瞬间跳入我的脑海。这时,旁边的沈金娣老师正好转过头来,竟对我轻轻说出了那两个字。心有灵犀!我们互相看看,莞尔一笑。

台上的"名师们"正在应景似的敷衍着,无非是什么"热爱""兴趣"之类的骗人的鬼话,膝盖都想得出来的。我的脑海飞速回旋着有关"信仰""动力"的问题,也在犹豫着是不是站起来讲几句真话。迟疑间,话筒已经转到别处(本来提问的女教师离我很近,我可以直接抢话筒的)，话题也岔开了。一切仿佛没有发生过。

我终于还是把话咽了回去。因为说这样的真话是真正需要勇气的。

我想说的两个字是——名利。支撑许多人奋斗的其实是名利，我也不例外。如果有人要做假道学，摆出一副面孔想教训我，对不起，我不会给你机会，也没有那么尊重你。我想真诚地说，追求名利有什么不好呢？作为一个清贫的教师，想通过自己的努力改善生活，有什么错吗？想当特级教师，想做教育专家不就是追求名吗？随之而来的有没有待遇(利)呢？另外，追求名利是很正当的需求，是有上进心的表现。追逐名利则功利性太强，过于急切，有时欲速不达，甚至会动手"抢"，还会伤害别人；至于不计一切手段，把所有资源为我所用，把所有人当我的垫背，那就是道德败坏，是人格问题，我们只有嗤之以鼻了。我还想说，在一个人年轻的时候，名利也许就是航标，就是前进的动力。

但是，我终于还是没有说。因为我不能说。我知道，这话说出口，会引起大家议论，会引来许多异样的目光。我毕竟是个特级教师，有时还要加上"著名"二字，有这个名头这个身份，我就不能乱讲，讲完了肯定会有人不高兴。所以，我选择沉默，选择失语。

参加"基地活动"也有六次了，每次都有语文课听，然而每次带来的都是失望——听不到有思考的课。思想是课堂的灵魂，但这里我不敢奢望有思想，只讲思考，能带给大家一点点思考也好。可是很遗憾，没有，一节也没有。为什么？我不知道。你会说，你是不是以特级教师的眼光去看，太挑剔了？还真不是，我是以宽容的欣赏年轻教师的心态看课的。但是，我的同行，你难道不感觉到近年来好课越来越可遇不可求吗？教育专家越来越多，特级教师遍地都是，可有人戏称，80%的特级教师都不能上课或者上不好课。或许有些夸张，但情况大抵如此。看着我们的青年同行们讲起理念来，一个个口若悬河滔滔不绝舌灿莲花，可走上课堂，却漫无目标满嘴跑车矫揉造作生牵硬扯，哪有一点灵气可言？成尚荣先生说得真好，课改的根本是改课。课不改，学生永远不能受益。2006年我在镇江上课，上完后王杰老师和薛翠娣老师激动地说："真过瘾！好多年没听过这么好的课了。"得到前辈夸赞，欣喜之余，我也感到心凉——等一节好课竟要好多年！那么到底这些"基地"的课怎么样？各位专家、各位同行你们真不知道吗？我相信大家的眼光，也相信大家心里都有本账。但是面对兄弟学校，面对付出很多的上课教师，谁忍心把真话讲出来呢？所以，我们都不讲，不忍讲，也不敢讲。我们又一次选择了失语。

教了20年书，待过四个学校，做过教导主任、政教主任、副校长，有过肝胆相照的友谊，也见过尔虞我诈的"斗争"，按理说，应该超然了。可性格使然，时不时也会有棱角露出来。不是没有吃过亏——2001年我被推荐评特级教师，当时29岁，若评上就是全省最年轻的第一例。但还没出门，就被本区的领导"毙"了，理由是"这孩子太年轻，好提意见"，于是拿下。我很坦然：祸从口出，我咎由自取嘛！谁让自己不识相呢！但我相信，下一届你还得推荐我，因为说句狂话，别人去了也白给。后来果然。

经历这么多年"打磨"，我最厌恶领导的两种做法。

一、以偏概全一叶障目，抓教师小辫子。

有一种领导，有求全责备的心态，专爱找教师的小毛病，抓住就不放，尤其对一些有灵性、有个性，有一点成绩想冒头的青年教师。他们抓住教师小辫子，仿佛拿住了蛇的七寸；他们还自欺欺人地讲，这是在帮助教育这些教师。教育什么？教育青年教师成为完美的人吗？那恐怕永远不能，因为人都不是完美的。有的人细心谨慎，有的人不拘小节，其实只要用心不坏，工作努力，宽容他们偶尔的小失误不是正显示了一种胸怀吗？何况，领导自身是否完美呢？孔子说，己所不欲，勿施于人。拿放大镜甚至"照妖镜"看别人，却拿另一条标准衡量自己，有意思吗？奉行一套"严于律人，宽以待己"的准则，是我深恶痛绝的。

但我不说，我失语——是不屑，也是不敢。

二、以恩人自居，要教师感恩。

这是一种病态心理。经常大谈单位如何如何，自己作为领导如何如何(其实多半有夸大的成分)，然后摆出恩人的姿态，恨不得教师感激涕零，肝脑涂地才好。难道你真不知道，平等和尊重是现代人文精神的核心价值。帮助他人却不让他感觉才是真正的关爱。再说，是谁该感谢谁？所以管理者都应该认清，单位真正的脊梁正是那些默默无闻的老黄牛，是他们在撑起一片天空，打造一个品牌。领导应该感谢他们而不是相反。把自己装扮得像人家衣食父母似的，这副做派，实在可笑，令人作呕。

但我不说，我仍然选择失语。

有学校标语："高考还有两个月，拼尽最后一滴血！"我们失语。

有家长说："我孩子不要和某某做同桌，他简直是个垃圾！"我们失语。

有教师神秘地告诉本班学生："这些资料，不要让别班的同学老师看到。懂吗？"我们失语。

……

不能说，不敢说，不屑说，不愿说……我们就这样一次次失语。为什么？是社会复杂，是人心复杂，还是我们自己复杂？我问自己，也问你——我的同事。可是你冷冷地看我一眼，给我一个鄙夷地转身。那是在告诉我——你真无聊！这个问题还来问人，你自己不明白吗？

你又一次选择了——失语。

读书心得

经年不辍读《水浒》

最早接触到水浒人物，是从画片开始的。七八岁时，村里的小卖部卖有一种上面有梁山好汉图像的画片，那时我们称作洋片，大概两分钱一张的样子。图画上的人物形态各异，手执不同的兵器，但都鲜活生动，引人遐想。旁边还写有他的绰号和名字。我一下子喜欢上了这种洋片。于是，就开始想尽办法攒钱，有点钱就去买回几张洋片。那时我最大的梦想就是收集全一百单八将的图片，那将是一笔多大的财富啊。可惜，最后也没有收齐，一方面攒钱不是那么容易，另一方面小卖部里好像也不够全，于是，手里总是那仅有的几张，翻来覆去几乎看烂了。再后来，有一天，突然看到一个小伙伴有两副扑克牌，正好是一套一百单八将的图像，我欣喜若狂。午后的阳光下，我们坐在农村的平房上，边打扑克，边把玩着手中的牌，还不时地唠着图像中的梁山好汉的事迹。那温馨的场景，惬意的心情，我至今难忘。

其实，小时候，和《三国演义》相比，我更喜欢读《水浒传》。可能是因为《水浒传》的语言更好懂一些吧，还有一个原因，就是《三国演义》的厮杀场面写得不够热闹，没有具体的刀来枪往的描写，总是三言两语就结束了，总觉得不过瘾。《水浒传》则不同，有点像评书的风格，人物一出场，先来一首诗赞一赞，从头到脚，从人到马，给人以眼前一亮的感觉。打斗的场面也相当精彩。有招式，也有诗赞的，总归是大段的描写，两个人一般都要打上半天。且看杨志大名府比武的描写：

话说当时周谨、杨志两个勒马，在于旗下，正欲出战交锋。

只见兵马都监闻达喝道："且住！"自上厅来禀复梁中书道："复恩相：论这两个比试武艺，虽然未见本事高低，枪刀本是无情之物，只宜杀贼剿寇，今日军中自家比试，恐有伤损，轻则残疾，重则致命，此乃于军不利。可将两根枪去了枪头，各用毡片包裹，地下蘸了石灰，再各上马，都与皂衫穿着。但是枪尖厮搠，如白点多者，当输。此理如何?”梁中书道：“言之极当。”随即传令下去。

两个领了言语，向这演武厅后去了枪尖，都用毡片包了，缚成骨朵，身上各换了皂衫，各用枪去石灰桶里蘸了石灰，再各上马，出到阵前。那周谨跃马挺枪，直取杨志；这杨志也拍战马，拈手中枪，来战周谨。两个在阵前，来来往往，翻翻复复，搅做一团，扭做一块，鞍上人斗人，坐下马斗马，两个斗了四五十合。看周谨时，恰似打翻了豆腐的，斑斑点点，约有三五十处；看杨志时，只有左肩胛上一点白。

两个人包了枪头，蘸上石灰，穿上黑色的战袍，开始比武。结束时看谁身上的白点多，就算输了。这种比武别出心裁，想象场面，令人心驰神往。

水浒人物的英雄气概，水浒故事的曲折传奇，深深地吸引着我。近年来经常出差，我最常带的一本书就是《金圣叹全集》中的《水浒传》，周锡山先生编校的。百读不厌，深受启发。

说起《水浒传》的作者，可真是厉害，敢为天下所不敢为之事。写文章最忌讳重复，若是同样的情节，同样的场景，一般都要避开。但施耐庵不同，迎难而上，同样的题材写上两篇甚至多篇，但各呈千秋，精彩不同。写完王进棒打史进，又写林冲棒打洪教头；写完林冲发配，又写武松发配，还写卢俊义发配；写完潘金莲偷情，又写潘巧云偷情；写了武松打虎，再写李逵打虎；写了劫法场救宋江，再写劫法场救卢俊义。凡此种种，不止一处。

先来看发配的描写。

林冲被高俅陷害，发配沧州。两名解差是董超、薛霸。可怜林冲，一身本事，戴上木枷便毫无用处。一路上低声下气，受尽凌辱。夜里被强行用滚水烫脚，白天被逼穿新编的草鞋，鲜血淋漓，蹒跚难行。到得野猪林，又被骗得绳捆索绑，缚于树上。两解差这才露出狰狞面目，要结果林冲的性命。最后说什么“无冤无仇，若是救得，生死不忘”的话，林冲苦苦哀求，可惜是与鬼说人话，毫无用处。心地善良的林冲哪知道人心险恶，被人算计毫不知情，解差欺侮忍气吞声，到头来怎么死的都不知道！若不是贵人相助，鲁智深横空出现，我们这位武艺绝伦的八十万禁军教头就不明不白地冤死他乡了。

卢俊义的发配和林冲出奇的相似。解差仍然是董超薛霸(这两位老兄没杀得了林冲，幸运地被鲁智深饶了性命，回去后被高俅发配到大名府。这次又担任押解卢俊义的任务。能押解梁山泊两位武艺最高的顶尖人物并百般凌辱他们，这两位老兄也真够牛的。可惜方法老套，毫无新意。这次运气也没那么好，燕青不是鲁智深，两枚袖箭让他们直接挂了。施耐庵是不是在告诉我们，恶人也要悬崖勒马，不然，出来混的，总是要还的)。还是百煎滚汤，还是新麻草鞋，仍然鲜血淋漓，仍然蹒跚难行。仍是骗得缚于树上，仍是一番言语，举棒就打。只是卢俊义没有苦苦哀求，只是低头不语。只是燕青两枚袖箭飞来，两个畜生瞬间呜呼。

最先被逼上梁山的是林武师，最后上梁山的，是卢员外。押解之人不变，押解之文也不变，押解的过程还不变，两个人的表现也大致相同。只有燕青的袖箭不同于鲁智深的禅杖，厚重的禅杖曾经饶过恶人，细巧的袖箭却断然封喉！鲁智深千里护送，是为朋友；燕青一路追随，是保主人。一样的行为，不一样的情义；一样的相救，不一样的结果。

再看看武松的押解，是如何的不同寻常！

武松的经历可与国家公务员出身的林冲不同，更与养尊处优的大财主卢俊义比不得。他出身底层，惯行江湖，可以说保留着足够的戒心和细心。武松一生，有两次沦为犯人，充军发配。第一次是为兄报仇，杀了西门庆潘金莲，被发配孟州。他先前就在阳谷县做都头，两位解差是他的手下，估计也是朋友，所以一路自然不会为难他。但后来打了蒋门神，被张都监栽赃冤盗，入狱发配，情形就不同了。和林冲、卢俊义一样，解差也是被收买了，并且在半道还埋伏了几个人。而且我们知道，路上并没有人可以救他。形势应该比林、卢更加凶险。

孟州城外，施恩送行。请两位解差吃酒，解差不肯。送解差银子，也不接受(这解差太笨，不吃不拿，从古至今都不符合潜规则啊。此处即露出破绽)。施恩提醒武松，这两个狗男女不怀好意。武松早已瞧见，边说，我已省得，自有措置(聪明，警惕性强)。

一路上，武松一边寻思，一边冷笑，还一边吃施恩送的熟鹅。竟全然不把解差放在眼里。连吃两只熟鹅，见到埋伏的两个人拿着朴刀，和两个解差挤眉弄眼，打暗号，武松还是“只作不见”。到后来，假作小解，主动出击，干净利落的扭断木枷，手刃四人。令人叫绝！若论拳脚功夫和英雄气概，恐怕整部水浒，武松算得第一人。若论江湖经验，林、卢称得上那个幼稚，和武松相差何止千里！更重要的是，在遭受陷害之后，林、卢二人或许还会对敌人存有幻想，而武松早已洞悉了一切，毅然决裂，谋求自救了。

真男人，真汉子，真英雄。

再看两次偷情的描写。

潘金莲和西门庆的偷情，恐怕更多的是欲，而潘巧云和裴如海则多是情；潘金莲色胆包天，竟然伙同奸夫谋杀亲夫，而潘巧云却没有这样的想法和举动；要杀潘金莲的是武大的亲弟弟武松，要杀潘巧云的却是杨雄的朋友石秀；武松是在哥哥被害之后被逼杀人，是正义的复仇，而石秀却只是因为潘巧云诬陷自己就精心设局，诱使杨雄杀妻。同样是遭人诬陷,武松是亲嫂嫂诬陷自己,而且是对着自己视之如父的哥哥诬陷自己,但武松受之,不曾置辩,显示其磊落襟怀,冰玉人格。而石秀极力辩解,自己辩解,丫环迎儿辩解,还要潘巧云亲口说出实情。和武松相比,石秀显得何其狭隘、恶毒!

整个过程的描写,脉络相同,细节不同;结果相同,过程不同;行动相同,人性不同。

实在是很妙。

来看看两次劫法场的描写。

第一次江州劫法场救宋江,是梁山泊全伙出动,有预谋有准备的,可以说谁在哪个位置怎样进行,都进行了周密的安排;第二次大名府劫法场救卢俊义,却是石秀打探消息时遇上的,单人独骑;第一次半空跳下的是李逵,两把板斧,行动成功;第二次跳下的是石秀,一柄朴刀,行动失败。

曲中有折,同中有变。

最精彩的是两次打虎的描写。

一直有一个疑问:李逵明明打死了四只虎,论数量都超过武松,为什么一提打虎,就是武松,李逵打虎几乎没人记得呢?

原来这其中自有奥妙。

李逵打虎,是在母亲被老虎吃掉后,怒不可遏,深入虎穴,奋勇杀虎,除恶务尽;武松打虎,是酒后上山,偶遇猛虎,性命相搏,险中取胜;李逵打虎用刀,横戳蛮劈,武松打虎用拳,闪展腾挪;李逵打虎,既是大胆,更是愤怒,武松打虎除了精细,还有惊慌;武松打虎,一扑一掀一剪都躲过,写武松的步伐武艺,李逵打虎是和老虎正面冲突,毫无章法,写李逵的愤怒、鲁莽和胆大。

狭路相逢,徒手搏虎,进退得法,有力有智——当然是武松打虎更值得称道。何况,李逵的影响力和人品与武松不是一个档次的。

两位英雄,两次打虎,却显示不同的场景,不同的心境,不同的性格和行为。

不得不佩服作者写作的胆量和才华。

再来看看《水浒传》中的人物吧。

金圣叹说,水浒一百单八将,个个有其形状,有其声口。这恐怕言过其实。但其中一些主要人物还是个性鲜明,栩栩如生的。

林冲——逼上梁山的代表人物。

《林冲棒打洪教头》是小学语文教材里的名篇,许多特级教师都曾经执教过。但普遍存在的一个问题是——把林冲当做雷锋来教。通过分析林冲前后的表现,总结出许多林冲谦虚忍让的优秀品质，最后把课上成了“学习林冲好榜样”。林冲真的是那么完美吗？作者写林冲要树立一个典型让我们学习吗？这恐怕更多的是我们执教者的心理在作怪。课文写谁就号召学生学习谁，课文写景我们就当导游；课文讲人生道理，我们就装哲学家；课文写动物，我们就说动物是人类的朋友；课文讲水，我们就说人类的最后一滴水是自己的眼泪；课文讲环保，我们就说只有一个地球。课文里永远是对的，我们则永远居高临下，高台教化。

关键是，这是作者和编者的意思吗？

回头来看看林冲——

金圣叹给林冲是十二个字的评价“算得到，熬得住，把得牢，做得彻”。我不知道他老人家是怎么得出这样的结论的。看看林冲出场后遭受的陷害，一步一步，毫不知情地滑入深渊，怎么能说“算得到”？“熬得住”倒是可以说的，因为林冲最大的特点就是逆来顺受，善于忍让。“把得牢，做得彻”又怎么说呢？林冲报仇很彻底吗？好像没有。只是杀了陆谦、富安和差拨，而真正的罪魁祸首高俅和高衙内始终逍遥法外，这算“做得彻”吗？再说，最后梁山被招安，想不到林冲还喜滋滋地跟着宋江北征辽国，南讨方腊，格外卖力呢。这算是“把得牢”吗？要说这十二个字的评语，我看只有武松才能受得起。豪爽又不失精细，勉强算是“算得到”；面对潘金莲的诱惑，毫不动心，算是“熬得住”；被张都监陷害，武松在飞云浦杀了解差还不算，杀回孟州城，夜入都监府，杀了张都监和蒋门神，斩草除根。（当然，在鸳鸯楼，武松杀了都监府十七口人，有滥杀无辜之嫌。但武松毕竟是草莽汉子，这是他性格使然，也是因为仇恨使他丧失了理智。但武松毕竟不是完人，他是个有缺点的活生生的英雄。再说，后来，武松被称为天伤星，也是暗批他杀人过多。作者最后安排他失去一只臂膀，就是对他的惩罚。）最后，征方腊后，武松无意做官，拒绝宋江的一再挽留，执意在六和寺出家，这不是“把得牢”吗？因此，他才落得八十善终的好结局。再看我们的林教头，也在六和寺，不过却瘫痪了，郁郁而终。

我看林冲的性格，大概可以用两个字概括——忍和狠。

林冲出场，就遇到高衙内调戏自己的妻子，按林冲的武艺，应该结结实实地教训高衙内一番才是，你看前来帮忙的鲁智深不是就要出手吗？可林冲一看是顶头上司高俅的干儿子，“手就先自软了”。此是第一忍。

高衙内不放过林娘子，让陆谦稳住林冲，然后使人赚林娘子到陆谦家，竟要强行非礼。好个林教头，赶去了，竟还是先高喊一声“大嫂开门”，这是干什么？不是报信让高衙内先跑啊。为什么不破门而入，往死里打呢？归根到底还是不敢。后来林冲砸了陆谦的家，拿刀找了陆谦几天(注意,没找高衙内),也就算了。此是第二忍。

高俅设计陷害林冲,诱使他误入白虎堂,锒铛入狱。林冲毫无反抗。此是第三忍。

野猪林两解差要杀他,鲁智深救了他,要打死两个解差。林冲竟替他们求情(可以被收买杀人的人还有什么好留的),要放了他们。此是第四忍。

到沧州,差拨刁难,林冲低声下气。是第五忍。

直到风雪山神庙,火烧草料场时,林冲已经退无可退,才果断出手,手刃仇人。显示他"狠"的一面。

到了梁山,白衣秀士王伦不肯收留,用投名状等百般刁难他,他还是一个字——忍。直到晁盖等七人上山,王伦故伎重演,林冲才一怒火拼王伦。这不还是先忍后狠嘛。纵观林冲一生,忍和狠就是他性格的特点。林教头啊,你是个好人,也是个有本事的人,但是你还称不上英雄,或者说不够男人。因为你的退让太没有底线了。

懂得了林冲的性格,再来看《林冲棒打洪教头》的描写——狂妄的洪教头对林冲傲慢无礼,也是一逼再逼,林冲是一忍再忍,最后才果断出手,一招制敌。呵呵,这不还是忍和狠吗?这个小插曲是林冲一生命运的缩影,他的表现暗合了林冲的悲剧性格。看来,这一段描写,这个只露一面,再也不见的洪教头看来也不是闲笔,这是作者的精心安排。

《水浒传》中的林冲,实在窝囊。倒不如《荡寇志》中那个把高衙内剖腹剜心的林冲来得痛快。更比不上央视老版电视剧《水浒传》中的处理了(电视剧有几处改编得很精彩,后面再表)。

鲁智深——感动大宋的人间"佛"

"鲁智深,鲁智深!起身自绿林,两只放火眼,一片杀人心。忽地随潮归去,果然无处跟寻。咄!解使满空飞白玉,能令大地作黄金。"

"平生不修善果,只爱杀人放火。忽地顿开金枷,这里扯断玉琐。咦!钱塘江上潮信来,今日方知我是我。"

这是我小时候读《水浒》就熟悉的句子,也是鲁智深坐化后的诗赞,算是对他一生评价吧。一直以为鲁智深是个杀人放火的凶和尚,可后来读得多了,听得多了,经历得多了,才知道这个酒肉穿肠过的和尚竟是个真正的佛。一个梁山泊唯一的替天行道的佛。

鲁智深的一生,与女人有解不开的缘。为了一个个并不相干的女人,他的境况每况愈下,但毫不介怀,浑然不觉。这,岂是凡人的襟怀?

《水浒传》第二回——鲁提辖拳打镇关西。为了一个偶然遇到的可怜的卖唱女金翠莲,鲁提辖毫不迟疑地施以援手,并教训了欺男霸女的镇关西郑屠。可惜,拳脚没轻重,三拳竟打死了人。这下，从部队干部鲁提辖变成了杀人犯。

逃走途中，遇到赵员外，鲁达的身份又成了五台山的和尚。取名鲁智深。

受不得戒律清规，几番醉酒，醉打山门，五台山容不得他，便投奔东京大相国寺。途中，又在桃花村为救刘太公的女儿，打了小霸王周通。在瓦罐寺，为了救几个被霸占的女人（连名字称呼都没有），和史进一起杀了崔道成和丘小乙。

到了相国寺，已经沦为看菜园的和尚了，可他还自得其乐，整日带着一群泼皮徒弟舞枪弄棒。待得结识林冲，意气相投，为了林娘子的事抱打不平，为救林冲千里护送。这份情义着实感天动地。然而，相国寺是回不去了，只好去夺了二龙山，做了强盗的首领。

从军官到逃犯，从和尚到强盗，这就是鲁智深的人生轨迹。在常人看来，是每况愈下，一日不如一日了。实则是让鲁智深从此少了许多羁绊，好除去不清净的六根啊。何况，他本人从不挂怀啊。

和林冲的压抑相比，鲁智深想得更少，看得更开，其实也更有慧根。和武松相比，武松多是为自己，为自己的性命杀死了老虎，为自己的哥哥杀了奸夫淫妇，为自己的冤屈手刃张都监等狗官，而鲁智深从不是为自己，都是为了别人，为了人间的一份公平，为了替天行道，为了伸张正义，这不是佛家说的"度人"又是什么？

所以说，鲁智深是佛。因此，他最后是最好的结局——坐化成佛。这也许是作者对他的偏爱吧。然而，这样的人在世间总是很少的，是很孤独的，所以他是天孤星。

水浒人物各具特色：鲁智深鲁莽，但他是粗中有细；李逵鲁莽，是毫无头脑，一味使蛮；武松是自然率性；史进是少年任性。各具华彩，各有高下，不可同日而语。

梁山上多是好汉，但良莠不齐，真正的英雄极少。算上鲁智深、武松，重情重义的燕青应该算一个，朱仝是个君子，可惜被宋江和李逵害惨了，被迫上了梁山。林冲太屈，压抑了一辈子；卢俊义太傻，被宋江和吴用设局害得家破人亡，被逼上山，还得替人卖命。混江龙李俊是个有头脑的厉害角色，最后到海外发展，占岛为王去了。再就是女人中间的，母大虫顾大嫂算个英雄，男子胸襟，义字当头，有主见，有策略，可比她的丈夫小尉迟孙新，她的大伯病尉迟孙立还要厉害几分呢。

英雄，也就寥寥几个吧。

令我讨厌的也有几个。

首先是李逵，最令人生厌的一个。一个没头脑的笨蛋，杀人狂。且不说抡起大斧砍了不知多少看热闹的百姓，也不说打下祝家庄后，"杀得手顺"，竟把盟军扈家庄扈太公一门老幼，尽数杀了不留一个，只说为了赚朱仝上山，宋江指使，李逵行凶，竟将无辜的孩子小衙内劈成两半。真是天良丧尽，人性全无！有人也许会说那是以前的封建社会，哪有这么尊重生命？但我想，祖先早就说过，老吾老以及人之老，幼吾幼以及人之幼。不论哪朝哪代，这种灭绝人性的事情都会为人所不齿。李逵身上，才真正洋溢着土匪的残暴气息。

吴用也是个令人厌恶的角色，妄称什么智多星。首先，政治上，他在晁盖和宋江之间做骑墙派，首鼠两端。其次，整部书中，难见他有什么真正的大手笔，倒是诳人上山，设计害人，装算命先生的事做了不少。跟诸葛亮的为人胸襟及神机妙算相比，差之何止天地。有时候读着读着，忽然觉得整个梁山之上，有了宋江和吴用，便充满了阴戾之气，若没有鲁智深、武松等充满正气的英雄在内，梁山倒真成了小人成群，乌合之众了。

还有好色的王英，求亲不成就杀人满门的董平，更令人不可理解的是扈三娘，我真想不通，一家满门被李逵杀掉，她竟然还可以感恩戴德地听宋江的话，嫁给猥琐好色的矮子王英。是哪根筋搭错了吧？更为绝妙的是，施耐庵竟然给她安排的是地彗星！可真是个没心肝的扫把星啊！

那么说，梁山好汉都不是什么好人了？呵呵，至少不是什么善辈。作者还真是没说假话，到底是揭竿起义的土匪，各色人都有。其实，别把他们都当英雄，只当作形形色色的普通人，看这许多不同人的不同人生不同道路，倒真是颇有感悟啊。

最后，我们来怀念一下央视的经典大作——老版的电视剧《水浒传》吧。

我自然没有资格去评价演员们的表演，应该说大部分演员都演得相当精彩，深入人心。我只是以语文教师的眼光来看这部戏的改编，确实有许多地方可圈可点，甚至令人叫绝。

《水浒传》洋洋洒洒一百回，几百个人物，无数场大小战斗，到底怎样在几十集的电视剧中来表现？这首先要考验编剧的整合能力。这部电视剧的编剧真是厉害——首先抓住人物。几个主要人物：鲁智深、林冲、宋江、武松，由他们的故事展开，带动其他人物，脉络分明，毫无庞杂，清清爽爽。再抓住主要事件：三打祝家庄，曾头市，三败高俅，征方腊，环环相接，扣人心弦。电视剧中，有市井街头的细致描写，也有千军万马的宏大场面，看着真是过瘾。从我这个水浒迷的角度来看，这是个懂水浒的导演拍的电视剧。有文学含量。

有几处令人叫绝的改动。

大闹野猪林后，鲁智深不得不离开相国寺。临行时跟泼皮徒弟们告别，本来这好像是画蛇添足之作。哪知道后面竟添了一笔——为首的张三、李四难舍鲁智深，愤恨高衙内，便使出了市井流氓手段。骗爱玩鸟的高衙内到一处僻静所在，竟然把他阉了！随着高衙内一声惨叫，多么大快人心！更何况，这样的安排也符合市井泼皮的心态和做法啊，合情合理！实在是妙。

对林冲之死的处理更是高明。

梁山抓住了林冲的仇人高俅，林冲得知，提刀就要杀他。可是宋江、吴用为了招安大计，百般阻拦。直到他们卑躬屈膝地恭送高俅离去，林冲赶到，为时已晚。林教头一口鲜血，卧床不起。

招安当日，宋江率众人山呼万岁，欢庆招安之时，林教头已经是奄奄一息。圣旨宣读声毕，传来消息——林教头死了！霎时间，鲁智深愤然起身，单掌击毙一匹战马，又拿禅杖砍倒了“替天行道”大旗，大旗正盖在屈膝磕头的宋江身上！随之，武松及三阮等也相继离去。

林冲之死，改编得令人悲愤欲绝，又荡气回肠！林冲是被谁杀死的？是宋江、吴用。大仇难报，活活屈死，这才是林冲这个悲剧英雄的合理结局！而鲁智深的一掌一铲，既是和林冲生死情谊的表现，也是对宋江招安的强烈反抗。果然，下面的安排是，征方腊时，鲁智深心灰意懒，绝不想从，径自坐化了。

佩服之极，这样的改编。

啰啰唆唆，又说了不少，都是自己一些零星的读书感悟，贻笑大方。

爱读《水浒传》，经年不辍。

我的《三国演义》情结

俗话说，少不读《水浒》，老不读《三国》。大约说的是少年人血气方刚，容易冲动，《水浒传》讲的是拔刀相助、揭竿而起的故事，容易火上浇油。而老年人历经世事，心机已经深沉了，再读读充满权谋的《三国演义》，恐怕会老而弥奸（不是老而弥坚）。这大概都是人们的一种担心吧，或者说是一种希望，希望做人不要太浅，也不要太深。于是，便有了这样的说法。

其实，这只是把读书的作用扩大化了，也概念化了。

一本作品真的就有如此巨大的影响吗？我不相信。我不否认有些作品有的人读了之后会影响一生，甚至影响命运，但那只是极少数，是个案，而且那样的影响必定是潜移默化的，甚至历经多年慢慢浸润的。难不成读了《水浒传》，真的有谁去充当好汉，打家劫舍，啸聚山林？读了《三国演义》就生活中处处算计，步步惊心？那么，读了《金瓶梅》，还不天下大乱了？恐怕这是把一部作品的作用扩大化了，有点危言耸听了。况且，四大古典名著都是历经风雨的优秀作品，每个人读，甚至每个人不同的时期读，都会有不同的感悟和解读。所谓的对人的影响，其实都是人读书的时候结合自己的经历和生活感悟到的，那叫个性的解读。正如日本的某企业拿《孙子兵法》来做管理，毛主席拿《三国演义》来指挥打仗，姑妄听之，姑妄信之吧。但即使真相如此，那也与孙武和罗贯中无关，是读者用自己的智慧在解读和运用罢了。

所以，读书其实是一件很简单的事。读书就是读书。仅此而已。

我是从八九岁时开始读《三国演义》的，整本的原版的那种。其实，说不上是读，应该说是啃的。因为很多字并不认识，都是瞎诌的，看自己能看得懂的故事情节而已。用现在的话说，就是看个热闹吧。

和《三国演义》的情结，就是从看热闹开始的。

上学早，我九岁时上四年级，一位伙伴的爸爸有许多藏书，多是古典作品。于是，我便经常怂恿伙伴"偷书"来给我看。便在那时开始读《三国演义》，直到今天，尽管很多细节和人物都了然于胸，但每年还是会翻出来读一读。说来也怪，读着《三国演义》，我的心就会慢慢地静下来。

我看新版的电视剧《三国》

四大名著都重拍了，听说是用重金砸的，可惜观众不买账，反映平平。可以说，看的人估计很有限，反正我身边的人大部分都没看过。别相信电视台给出的什么收视率，那些他们自己也不见得相信。倒是也有朋友看过，给出的结论，不看新版本，不知道老版本有多经典，恨不得把老版的拿出来再看一遍啊。呵呵呵，莫大的讽刺啊。伤了众多的四大名著迷的心啊。

我这个"三国迷"倒是真的看过几集的，而且是望穿秋水，电视一上演，就急忙去买了碟片看的，想先睹为快的，但结果是真的很失望，最后实在看不下去了。套用网上一个时髦的词语——悲催啊。

首先，我觉得新版的《三国》是个四不像。

取名《三国》，而不是《三国演义》，本身就说明它就是个怪胎。因为它既不是忠于文学作品《三国演义》，也不是取材于《三国志》，当然，更不是二者的复合体。我们看到的，只是编剧的"创新""嫁接"和"阉割"。人微言轻，但我觉得如果要是重拍三国题材的影视剧，要么拍《三国演义》,要么拍《三国志》,没必要搞个四不像,七分像演义,一分像历史,两分是杜撰。拍《三国演义》,它的主题就是拥刘贬曹,这是毋庸讳言的。当然,不是简单的脸谱化的扬抑,但这是基调,是大的方向。其实读者谁都知道,诸葛亮哪有那么神啊,曹操也不是那么坏,他们,都是作品里活生生的人物,活在每个读者的心里的啊。

想颠覆,没那么容易吧。

其次,经典的片段不经典。

如果说老版的《三国演义》有什么瑕疵的话,我觉得一个是对白太文言化,有些拗口难懂,不利于普及。再就是武戏不行,好像戏台上摆摆花架子。真的有点像《三国演义》书中所写的三言两语的打斗场面——赵子龙出来,一般都是一句"不一合,刺于马下",或者"战无三合,刺于马下"。这大概也是由于当时的拍摄条件的限制吧。

但老版《三国》的文戏可是真棒啊。唐国强饰演诸葛亮,"隆中对""舌战群儒"和"骂死王朗"可真是经典啊,大段文言台词,或娓娓道来(隆中对),或以理服人(舌战群儒),或怒言指责(骂死王朗),势如江河奔流,不枝不蔓,一气呵成。对己("隆中对"时对刘备),对友("舌战群儒"时对东吴群臣),对敌("骂死王朗"是对王朗),一"对",一"战",一"骂",情感分寸的拿捏真是分毫不差。真是过瘾啊。到了新版《三国》,千古智慧化身的诸葛亮成了个呆子了,几句不痛不痒的台词,草草收兵,一带而过。呵呵,三国迷们无语凝噎。

要说新版《三国》的武戏可是下了不少功夫。"赵子龙血战长坂坡"精彩之极。但经典名著的改编最主要还是要看有没有魂,武戏只能停留在特技层面上,文戏才是作品的精神、脉络。可这正是该剧缺失的地方。

雷人的地方也不少。"三英战吕布"多精彩的戏啊,可那个张飞简直成了碎嘴婆娘,一口一个"三姓家奴",令人生厌。更让人大跌眼镜的是,张飞竟然被吕布打下马来。书上说可是"连斗五十余合,不分胜负"啊。大部分读者都会认为,张飞的武艺比吕布可能略有不如,但不至于这么差啊,改编够吓人的啊。到了"张飞据水断桥",曹操竟然说,曾听关羽讲过,他二弟张飞有万夫不当之勇,百万军中可取上将首级。刘关张结拜,张飞什么时候成了二弟了。呵呵呵,演员和导演都是《三国演义》的门外汉,从来没读过啊。

最后的结局倒是符合读者的阅读心理啊,很多人读《三国演义》,读到诸葛亮星落五丈原,就再也读不下去了。新版中诸葛亮一死,司马懿一死,就匆匆结束。太简洁了,给人以仓皇逃窜之感啊。

总之,新版《三国》,不敢恭维。

个人看法,乱评的。当不得真的。

说说我读《三国演义》的感受吧。

少年读《三国演义》，看的是热闹情节。

从读小人书的《三国演义》开始，我就开始了迷恋。我上小学的1980年前后，市面上可以读到的书籍其实不多，大多是一些今天看来意义不是很大价值不高的红色书籍。然而，几大名著的小人书还是有的。《三国演义》的小人书也很常见，只是每个小伙伴手里的都只是寥寥几本，不可能有全套的。但当时我们的阅读兴趣绝对称得上如饥似渴，比今天孩子们打游戏的劲头也毫不逊色。一本小人书，经常是要看的人排起长队。而我，一般都争取在下午最后一个来看，因为看不完就可以把书带回家去看。还记得昏黄的油灯下，我一页页翻看小人书的兴奋和幸福。赤面长须的关羽，力大无穷的张飞，神机妙算的诸葛亮，英武帅气的赵子龙，都是我崇拜的英雄。《三国演义》里甚至许多不起眼的小人物，他们的事迹我也略知一二。喜欢看历史书，喜欢听评书，无论什么书我拿来就看，还喜欢现学现卖。久而久之，小伙伴们都愿意向我打听历史故事，我成了班里的"历史通"。一本书看得久了，我们就会把白纸蒙在小人书上，描人物的画像。有一段时间，我会学着评书里的腔调，背诵着人物的开场贯口画人物像——见此人跳下马来，平顶身高在九尺开外，丹凤眼，面如重枣，五绺长髯。胯下赤兔胭脂马，掌中青龙偃月刀！——一边念叨，一幅关羽的画像就成了。那时候，会画关羽，我简直成了小伙伴们眼里的"神童"。

那些小人书里的故事是怎样激荡着一个农村孩子的心啊。"三英战吕布""白马坡""长坂坡"——英雄的故事让人神往，也常常让我们忘记了一切。星期天，常常是三五成群的男孩子到田野河滩去，每人手里一根木棍，被称为刀或者枪，每个人也自己找到一个演义里的角色来扮演，就开始捉对厮杀。汗流浃背，呼天抢地，也毫不觉累。这就是孩子演绎的历史故事啊。小人书和装模作样的打打杀杀是我童年生活最温馨的回忆。

从开始接触到大部头的原版《三国演义》，我才开始真正啃起书来。说是啃，其实进程也不慢，每天好像都看个十几或者几十页的。看不懂就蒙，看得懂就继续，反正大部分故事都有所了解，一些不懂的话也就将就着瞎猜它的意思吧。那些时候，当同龄的孩子还在看儿童书籍的时候，我正捧着散发墨香的《三国演义》《水浒传》读得津津有味呢。

《三国演义》里的三大战役使少年的我产生剧烈的心理感受，甚至至今都留有余味。官渡之战，曹操大败袁绍，看得我心里又是纠结又是担心。小孩子嘛，受演义的拥刘贬曹意识的影响，下意识地觉得跟曹操作对的都是好人。尤其是痛恨曹操为报杀父之仇兵发徐州，一路上泄愤杀人放火，甚至屠城，更是在一个孩子的心中把他永远定在了耻辱柱上。

心里是多么希望袁绍能赢啊，可惜，看着这个蠢货不识忠奸，囚田丰，弃沮授，宠信郭图、审配，气走许攸，一次次决策失误，一步步滑向深渊，真是替他急死了。哀其不幸，恨其不争，眼睁睁地看着"曹贼"吞并冀州，"小人得志"，真是不理解为什么老天不公，让坏人有如此好的运气。呵呵呵，那时，小小的胸膛里竟也是义愤填膺，"向往正义啊"。

报仇的机会终于到了。赤壁之战——到了孙刘联军收拾"曹贼"的时候了。印象中在此之前曹操一直都很顺利的，抓住了一切好机会，手下的兵将多得让人恨得咬牙。即使有什么失败，也是毛毛雨，最后都能翻云覆雨的。然而，随着诸葛亮的横空出世，他的霉运就开始了。火烧博望坡，火烧新野，只是小试牛刀，教训他一下。后来诸葛亮过江联吴，舌战群儒，智激孙权，草船借箭，定火攻计，真是风生水起啊，看得人兴奋不已。看着曹操像当年的袁绍一样，一次次的决策失误——中反间计杀了水军都督蔡瑁、张允，听信庞统的话把战船用铁索连起，被周瑜、黄盖的反间计蒙骗——心里真是开心啊。等读到"曹贼"从华容道狼狈逃跑，我心里都一直在骂，活该，活该，真是活该！等看到关羽放走曹操，惋惜之余，很久都不能释怀，心里无法原谅关羽，自然，他的英雄形象也在我心里大打折扣喽。

最让人揪心伤心的是夷陵之战。

关羽败走麦城被杀，一代英雄从此远去，小读者的心已经受伤了啊。急报兄仇张飞又遇害，五虎大将中前两名，桃园结义的两个兄弟相继死去，这让幼小的心灵情何以堪啊。书中一段渲染，本以为他们的孩子关兴、张苞还可以继承英雄之气，谁知道相差甚远。为刘备与诸葛亮、赵云之间的误会着急，看到东吴火烧连营恨不得把书撕了。记得很长一段时间，我都把书停留在赵云赶来救驾的那些段落：

正奔走间，喊声大震，吴将朱然引一军从江岸边杀来，截住去路。先主叫曰："朕死于此矣！"关兴、张苞纵马冲突，被乱箭射回，各带重伤，不能杀出。背后喊声又起，陆逊引大军从山谷中杀来。先主正慌急之间，此时天色已微明，只见前面喊声震天，朱然军纷纷落涧，滚滚投岩：一彪军杀入，前来救驾。先主大喜，视之，乃常山赵子龙也。时赵云在川中江州，闻吴、蜀交兵，遂引军出；忽见东南一带火光冲天，云心惊，远远探视，不想先主被困，云奋勇冲杀而来。陆逊闻是赵云，急令军退。云正杀之间，忽遇朱然，便与交锋；不一合，一枪刺朱然于马下，杀散吴兵，救出先主，望白帝城而走。

读着读着，仿佛那个多次救驾的白马英雄赵子龙就浮现在眼前。在心灵受伤之余，也只有昔日的长坂英雄能给人带来一丝慰藉了。

看《三国》，掉眼泪，替古人担忧。小时候看《三国》，我还真是入戏很深啊。

青年读《三国演义》,读的是文学章法。

慢慢地,长大了,毕业了,参加工作了,教上语文了。再读《三国演义》,便不由自主地带有一些语文教师的眼光。于是这么多年来,不断地读也不断地赏析咀嚼其中的精彩片段。

我的兴趣就是从偶尔一次听广播开始的,内容是赏析《温酒斩华雄》。

【操教酾热酒一杯,与关公饮了上马。关公曰:"酒且斟下,某去便来。"出帐提刀,飞身上马。众诸侯听得关外鼓声大振,喊声大举,如天摧地塌,岳撼山崩,众皆失惊。正欲探听,鸾铃响处,马到中军,云长提华雄之头,掷于地上。其酒尚温。后人有诗赞之曰:"威镇乾坤第一功,辕门画鼓响冬冬。云长停盏施英勇,酒尚温时斩华雄。"】

且不说关羽出场前作者的铺垫——华雄挑着孙坚的头巾骂战,俞涉出马,三合被斩。潘凤,还说是上将,牛皮吹得挺大,一出门就挂了。众皆失色。袁绍只好说,自己手下颜良、文丑两员大将没来,要不然也不怕华雄了,自我安慰罢了。就在这时,只是一名马弓手的关羽出场了。就在大将无人可派,众诸侯大惊失色的时候,这个马弓手出场了——阶下一人大呼出曰:"小将愿往斩华雄头,献于帐下!"众视之,见其人身长九尺,髯长二尺,丹凤眼,卧蚕眉,面如重枣,声如巨钟,立于帐前。

看看,孙坚、俞涉、潘凤的无能衬托关羽的武艺,诸侯的害怕更显关羽的勇气,马弓手的卑微地位和关羽"身长九尺,声如巨钟"的形象也形成反衬。哦,原来,前面的一切描写都是为了这一幕的上演啊。

可惜,我们根本看不到关羽是如何秒杀华雄的,因为高明的作者根本不给我们看到的机会啊。"众诸侯听得关外鼓声大振,喊声大举,如天摧地塌,岳撼山崩,众皆失惊。"只是在描写别人的吃惊表现,极尽所能地描写战场的喊杀声,而我们的主人公怎样出场,怎样杀敌,只字未提。只是片刻功夫,关羽就把华雄之头掷于地上!这是怎样的场面,怎样的武勇!

可惜,我们看不到了,但是,好在我们有想象。也许,想象的空间更令人神往。就这样,作者"虚写"了一把,举重若轻地开启了我们的想象。让我们在无数阅读之后不断地回味畅想。

呵呵呵,铺垫了那么多,侧面衬托已经不少了,可是直到最后主人公出场,还仍然虚写。这个罗贯中啊,就这样"忽悠"了我们一把。

要说铺垫,诸葛亮的出场更是一波三折。

第一次铺垫。刘备跃马檀溪，遇小牧童，一看便知刘备身份。此时我们和刘备一样感到奇怪。后引至其师水镜先生处，水镜先生正在抚琴——玄德教童子且休通报，侧耳听之。琴声忽住而不弹。一人笑而出曰："琴韵清幽，音中忽起高亢之调。必有英雄窃听。"神了，他怎么知道有人偷听，而且还是英雄？我们更迷糊了。（他神，还是为了衬托诸葛亮的神啊。）后来，听水镜先生说，伏龙、凤雏，得一可安天下。刘备急问伏龙、凤雏何人，水镜笑而不答。呵呵，不是吊刘备的胃口，是吊我们的胃口啊。此是第一垫。

第二次铺垫。刘备回城，偶遇单福（徐庶）。单福甫一做军师就大显身手，计取樊城，大败曹军。我们又和刘备一样，都以为他就是卧龙了。竟然不是啊。那卧龙该是何等神人呢？这，又得是靠我们的想象了。后来，徐庶走马荐诸葛，竟有"以某比之，譬犹驽马并麒麟、寒鸦配鸾凤耳"的"自比"，好像是烛光比之日月，滴水比之沧海啊。真让我们搞不懂卧龙的水有多深啊。此是第二垫。

第三次铺垫。"见孔明之居，则极其幽雅；见孔明之童，则极其古淡；见孔明之友，则极其高超；见孔明之弟，则极其旷逸；见孔明之丈人，则极其清韵；见孔明之题咏，则极其俊妙。不待接席言欢，而孔明之为孔明，于此领略过半矣！"孔明尚未露面，却无处不有孔明。农人所咏、诸葛均所唱、黄承彦所吟，崔州平、石广元、孟公威所歌，使得诸葛亮的出山简直呼之欲出了。此是第三垫。

最后一层铺垫是三顾茅庐。两次拜访，空手而回，第三次去，诸葛亮竟然旁若无人，酣然大睡，大梦初醒，抱膝长吟。至此，架子已然端够了，终于"闪亮登场"了。

吊足了刘备和我们的胃口吧？整个孔明出山的过程，作者尽藏玄机，步步为营，半遮半掩，最后才云开雾散。我们读者，就像进入迷宫，剥笋抽丝，才得见天人。回头看，不禁为作者的巧妙构思拍案叫绝！

在中国小说史上，对宏大战争的描述，恐怕罗贯中还是开山鼻祖。恢弘的战争场面，精彩的人物刻画，众多的线索交错，非大手笔势必会漏洞百出，更难以写出神采。然而，罗贯中确是如椽巨笔。

我一直认为，真正好的长篇小说不是单线前进的，一定是多轨运行的，有多条线索的交织和预伏。《三国演义》正是如此。

先从开场说起，起初的矛盾是外戚与宦官的矛盾，国舅何进欲谋十常侍（十个结党的宦官），引狼入室——把董卓的虎狼之师召进京城。结果，何进被十常侍干掉了，十常侍被灭了。董卓把持了朝廷，从此做大。于是，矛盾开始转化为董卓集团和地方诸侯的矛盾，十八路诸侯共讨董卓。这是开场大戏的主线。然而，其中的暗线是诸侯内部的相互猜忌，各怀鬼胎。孙坚得玉玺妄图私吞，袁术小人计断人家粮草，那个盟主大头鬼袁绍色厉内荏，毫无气度。在这场惊心动魄的战斗中，恐怕仅有的亮点就是刘关张兄弟的团结和勇武以及曹操的慧眼识英雄(这也为后面他们成就大业埋下伏笔)。董卓死后，重头戏开始正式上演了，曹操横空出世，开始了他艰苦卓绝的统一大梦。擒吕布，破袁绍，征张绣，灭袁术，曹孟德内外兼修，既扫除异己，完全控制了皇帝，又荡平了诸侯，占了地盘，扩大了实力。这期间，曹操是主人公，而他斗争的对象，也就是矛盾的另一方是不断变化的，但主线始终是曹操纵横捭阖，统一中原。然而，小说并不是单线前进的，刘备和吕布、曹操、袁绍的分分合合若隐若现，他恢复汉室的抱负和曹操的统一梦想之间的冲突形成了暗线。曹操和刘备也曾有过蜜月的，虽然那只是貌合神离的合伙，也曾有过青梅煮酒论英雄的把酒言欢，但最终还是走向了决裂。当荡平北方诸侯后，似乎曹刘的矛盾已经成了主要矛盾。

然而，随着曹军南下，威胁到东吴孙权政权的安危，这时，矛盾双方一下子成了曹操和孙刘。诸葛亮过江联吴，一系列精彩的动作——舌战群儒、草船借箭、定火攻计、借东风，搞得神乎其神，真真假假，把东吴的主和派和主战派都搞定了。这其中，主要的当然是孙刘联合抗曹，但隐伏的也有周瑜和诸葛亮的暗斗。周瑜好像对诸葛亮比对敌方的曹操都恨，必欲除之而后快。然而每每出计，都在诸葛亮的预料之中，好像孙猴子跳不出如来佛的手心。这明暗两条线，也使故事更加跌宕起伏，悬念重重，妙趣横生。

再之后，打败曹操，孙刘两家的矛盾开始凸显。于是又闹出刘备招亲、三气周瑜、过江吊孝等等好戏。后半部书，除了三个国家之间纠结在一起的战斗，还夹杂着魏国的夺嫡之争。但作者有条不紊，时疾时徐，或浓或淡，手上功夫，令人赞叹。

市面上有很多写三国的书，但大多写三国的历史。一直想看到一本专门剖析《三国演义》写作艺术的书，至今未见。盼有一天哪位有兴趣的专家写出来《三国演义赏析》之类的书，我必先睹为快。

中年读《三国演义》，悟的是世事人生。

最近，经媒体曝光，我们学习多年的雷锋同志原来是个时代潮人，穿皮衣，戴手表，还有些这样那样的小毛病。这让我们如梦方醒：哦，雷锋同志也是人啊。

中国首善陈光标据说也有人曝光其一些负面新闻，说什么有些捐款数字不实之类的。不论真假，有些无聊。人家本来就是有缺点的活生生的人嘛，谁又是完人呢？真是的。

中国的宣传就是这样往往抓住一点不及其余，把人完美化神化，把人弄得不是人了。等到有一天倒台了，负面的东西一股脑地冒出来，墙倒众人推似的。两极的表现，实在好笑。

要么是完人，要么是坏人，反正都是“死”的人。

让我们看看《三国演义》里的“活人”吧。

先来说说曹操。统一中原，雄才伟业，才华横溢，这当然是曹操身上百分之七十的优点，世人皆知，这里我们不讲。我们单讲，曹操为什么成为“贼”？

有人说是因为那句话“宁教我负天下人，休教天下人负我”，但绝不仅仅如此。常言道，听其言，观其行。如果仅是说说，也不算什么，但关键是他的做法够得上“贼”。

我们来历数曹操的几宗罪。

曹操多疑。

曹操献刀，刺杀董卓未遂，逃难途中至父亲好友吕伯奢家。吕伯奢上街买酒，吩咐家人杀猪招待曹操。曹操听到磨刀霍霍之声，以为要杀自己，便先动手杀了吕氏全家。后知道杀错，仓皇逃走。路遇吕伯奢打酒归来，索性一不做二不休，又杀了恩人。还留下上面那句千古名句。疑而杀人，继而赶尽杀绝，真称得上是“贼”。

曹操征伐张鲁，平定了汉中。回许昌被封（也可以说近似是自封）为魏王。于是在邺郡建立魏王宫，享受超过皇帝的生活。许昌中还有几名忠于汉献帝的官员，密谋于正月十五起事反曹。在这天城中放起大火，一片纷乱。不过他们势力那么小，被曹操派将一下就平定了。起事的主要几位官员自然是斩了，剩下的所有官员都被曹操叫来了，立了两杆大旗，吩咐说起火时出来帮忙救火的站在红旗下，待在家里无视外面纷乱的站在白旗下。

按正常的思维来想，红旗下的即使不被封赏也能保平安无事，白旗下的肯定要受处罚啊。所以白旗下的官员特别少。

结果出乎意料，曹操硬说红旗下300多官员是趁火助贼，命令都拉出去斩了。相反白旗下那些置若罔闻事不关己的少数人都给了封赏。

呵呵，宁可错杀一千，不可放过一个啊。

操恐人暗中谋害己身，常分付左右：“吾梦中好杀人。凡吾睡着，汝等切勿近前。”一日，昼寝帐中，落被于地，一近侍慌取覆盖。操跃起拔剑斩之，复上床睡；半晌而起，佯惊问：“何人杀吾近侍？”众以实对。操痛哭，命厚葬之。人皆以为操果梦中杀人；惟修知其意，临葬时指而叹曰：“丞相非在梦中，君乃在梦中耳！”操闻而愈恶之。

曹操时时怀疑别人，说自己会梦中杀人。有一天睡觉被子落地，一个近侍上前去帮他盖被子，被曹操跳起来拔剑杀死。怪的是，杀完人，他又继续睡觉了。第二天起床，还装糊涂，说不知道，然后痛哭一场，厚葬近侍。这场戏做得足吧？以后看你们谁还敢趁我睡觉时接近老夫？目的达到了，别人都信了，唯有张狂的杨修不识时务，说，不是丞相在梦中，是你们在梦中啊。这就埋下了祸根，曹操起了杀心。

怎么样？曹操，可以当“影帝”了吧？

赤壁大战，败走华容道。诸葛亮明知曹操多疑，故意在小路上放起狼烟（说明有伏兵）。在众人都建议走大道时，曹操力排众议，坚持走小道，结果被关羽候个正着。

曹操得了头风病，痛苦不堪。请来华佗医治，华佗认为曹操头痛是因中风引起的，病根在脑袋中，不是服点汤药就能治好的，需要先饮“麻肺汤”（按：也就是人们所熟知的“麻沸散”，是华佗发明的一种麻醉剂），然后用利斧砍开脑袋，取出“风涎”，才可能去掉病根。

曹操以为华佗是要借机杀他，为关羽报仇，于是命令左右将华佗收监拷问，致使一代神医屈死在狱中，而华佗所著的《青囊书》也因此失传。

一生多疑，害死了无数人，最后也害死自己。

曹操滥杀。

曹操全家途经徐州，徐州刺史陶谦的手下人见财起意，杀死了曹父及其全家。曹操为报父仇起兵，一路上烧杀抢掠，甚至屠城、掘墓。如此泄一人私愤，不问青红皂白，滥杀无辜，留下千古诟病。我一直怀疑曹操的目的，绝对不是单纯的为父报仇，而是以此为借口，要夺取徐州吧。要不然，从头到尾，只见到他在徐州屠杀百姓，并未见到他抓住那个凶手啊。冤有头债有主啊，曹大英雄不晓得吗？

曹操挟天子以令诸侯，把汉献帝（可真是献帝，最后把皇帝的位置献给曹丕）欺负的不行。国舅董承和刘备、马腾等受汉献帝破指血书“衣带诏”，奉旨谋贼。事泄后，刘备、马腾已经逃走了，董承等人被杀。曹操还执剑入宫，要杀怀孕五个月的董贵妃。汉献帝苦求不允，董贵妃被强行勒死。其行为令人发指。

除了董贵妃，后来，曹操还杖杀伏皇后，并鸩杀两位皇子。

逆我者亡。曹操一生都在践行自己的名言“休教天下人负我”。

曹操忌才。

主簿杨修，聪明无比，是曹植的师父。然而，不识时务，每每自作聪明，猜中曹操心事，还到处张扬。曹操恨他常拂自己面子，又担心他参与曹丕、曹植夺嫡之争，早就有心杀他。最终，因一句撤军口令“鸡肋”而以惑乱军心之罪杀了他。

名满天下的孔融（四岁让梨的那位）性情刚直，恃才傲物，常常以讽刺、挖苦的方式和曹操唱反调。譬如曹操颁布了一条禁酒令，说酒会亡国，必须严禁。其实，曹操的本意是为了节约粮食，这也是利国利民之策。可孔融不干了，跳出来高谈阔论，说自古以来，亡国的还有女人，怎么不把女人一起禁了？曹操无言以对，但极度恼火，记恨在心。

后来，曹操要发兵南攻荆州刘表。他知道孔融和刘备的关系一向亲密。于是曹操决定，干掉孔融。但孔融是一个名士，需要罗织罪名。

狂傲的人言行是不会太注意的，搜罗证据也相对容易些。

很快，就搜罗到给孔融定罪的证据——孔融曾经扬言"有天下者，何必卯金刀"。卯金刀就是繁体的"刘"字。这就是谋反的论调。

又搜集到孔融的两大不孝的言论。

一个是不尊重先哲。孔融曾和祢衡互相吹嘘，祢衡赞孔融，说你是"仲尼不死"；孔融则回赞祢衡，说你是"颜回复生"。相互吹捧，蔑视先人。

另一个不遵孝道。闹饥荒的时候，孔融对别人说，"如果父亲不好，宁肯把东西让给别人吃，让父亲饿死"；对于母亲，孔融认为，母亲和儿子没有什么爱，就像一件东西暂时寄在瓦罐里，倒出来后双方就毫无关系了。

好了，两大罪名，不忠不孝。搞定了，不光要你死，还要你身败名裂。

随后就是把孔融拉到街市上行刑，连同孔融的妻儿一起诛杀。

还有祢衡，更狂，裸衣击鼓骂曹的那位，当众触犯曹操的龙颜，真是找死啊。但曹操都没杀他，而是假惺惺地把他送给荆州牧刘表。

刘表也当然不能容忍祢衡的放肆和无礼。但他也不愿担恶名，就把祢衡打发到江夏太守黄祖那里去了。

黄祖性情暴躁，没几天就杀了祢衡。刘表的用意再明显不过了，显然是借刀杀人。可以说这宗谋杀案的主谋是曹操，刘表胁从，实施杀戮的是黄祖。

曹操真是的，自己有才可以，但是妒才；自己有性格可以，但别人不许。读着曹操的这些做法，让人不寒而栗。

世界其实很简单，但是人心很复杂啊。

曹操虚伪。

军中缺粮，曹操命令发粮官用小碗发粮。士兵哗变，便把发粮官王后叫来，说借他的头来稳定军心，让他当替罪羊。王后真冤啊，可是不得不答应。当了替死鬼。

曹操的发小许攸，在曹操最困难的时候投奔他，在官渡之战最紧要的时候反袁绍的水，带给曹操最重要的情报，应该是说居功至伟。他事后常吹嘘自己，令人生厌，但曹操从来不批评教育他，听之任之。直到有一天猛将许褚一怒杀了许攸，曹操才掉了几滴眼泪。也没有处罚许褚什么啊。

刘备爱哭，曹操爱笑。其实曹操的哭和笑都是有目的的，都是武器啊。

征张绣时，曹操犯了大错误。本来张绣已经降了，但好色的曹操勾搭上张绣的婶子，激怒了张绣。张绣夜袭曹营，后果很严重。曹操的命是保住了，但失去了一个儿子，还有手下第一猛将典韦。事后，曹操不哭儿子，反而痛哭典韦，一下子收买了武将们的心。作秀，有点过了啊。

赤壁大战失败了，逃跑途中，大家很沮丧，为了鼓舞大家的情绪，曹操笑了三次。可惜诸葛亮不给面子，第一次榆林渡笑出赵子龙，第二次葫芦口笑出张翼德，第三次华容道笑出关云长。但是，他在打败之时还能笑得出来，定力真是不一般。虚伪的程度也令人佩服。

但在回到许昌后的压惊宴上，众人开始有了笑脸，曹操却忽然大哭，哭谋士郭嘉死得太早，以至于他有如此大败。在座的谋士无不羞愧满面，恨不得有个地洞钻进去。毛宗岗说，奸雄的哭，可以做奖赏，也可以做鞭子。是啊，要是跟曹操这样的人在一起，时时刻刻都要防着他算计你。可真是炼狱生活啊。

多疑，滥杀，妒才，虚伪——曹操，你死定了。你被罗贯中永远定在了奸贼的耻辱柱上，万世难以翻身。现在，我们终于知道了在民间老百姓那里，为什么曹操不被待见，为什么大家把他画成白脸了。因为他的所作所为很多超出了我们的底线，太多的东西汇集到他身上，成了一个罪恶的复合体。

对不起，历史上真正的那个英雄的曹操。今天我们讨论的都是你的化身——《三国演义》里的曹操。

诸葛亮为什么成为“圣”？

这不必我多言。大家都知道，是因为他的智慧和忠诚，当然，还有他极好的人品。《三国演义》“状诸葛之智而似妖”，使他成为了半人半仙，呼风唤雨的人物。追随刘备，矢志不移，开创蜀国的大好基业，独立支撑蜀国后期的艰难局面。这些，都被读者所敬仰。

说到诸葛亮的智慧，我觉得一个代表性的字眼是——借。借荆州，借东风，草船借箭……不胜枚举。借天气，借地势，借对方的弱点，甚至借对方的心理等等。借，就是能好的利用一切条件为我所用，就是把资源和效益做到最大化。这对我们的教学，甚至做任何事都是有帮助的。

应该说，诸葛亮是作者倾注心血最多的一个人物。罗贯中把孙权的“草船借箭”安到他的头上，把赵云的“空城计”嫁接到他的身上，还安排子虚乌有的“借东风”给他，足见对他的钟情。而读者也是如此，诸葛亮身上毕竟寄托了太多美好的东西，几乎接近完美了。

但是，作者笔下的诸葛亮仍然还是有人的缺憾，因此，他也是活生生的“人”。

“诸葛一生唯谨慎”。

过于谨慎，失去战机恐怕是诸葛亮最大一个失误。诸葛亮准备北伐，魏延向诸葛亮献计，从子午谷奇袭长安，不被采用。历史不能假设，我们也无从知道此计到底是否可行，但诸葛亮用兵谨慎是肯定的。所以，以弱击强，按部就班，六出祁山，寸功未立。令人感叹。

用人也是诸葛亮的一个缺憾。

“马谡其人，言过其实，不可大用。”这是刘备死前交代诸葛亮的话。但是诸葛亮没在意，首伐中原时，终于因街亭的失守导致功败垂成，最后不得不挥泪斩马谡，并自贬官职。初出场时，诸葛亮意气风发，指点江山，运筹帷幄之中，决胜千里之外，几乎每计必中，每战必胜。直到取四川，都是成竹在胸，无往不利。然而，随着荆州失守，蜀国的命运出现了转折。关羽、张飞、刘备相继死后，诸葛亮就像一个苦主，事必躬亲，独立支撑，鞠躬尽瘁。“蜀中无大将，廖化当先锋。”这是对蜀国人才匮乏的生动写照。蜀国后来无人可用，诸葛亮的接班人姜维也难有作为。这样，就难逃灭亡的命运了。

六出祁山，星落五丈原。智圣诸葛亮也带着自己的遗憾走完了自己的人生之路。以悲剧结尾，令无数读者扼腕叹息。

关羽为什么成“神”？

按说，关羽虽然是蜀国功臣，但同时也是最大的罪人。

华容道，本来有机会捉住曹操的，可是为了报恩，关云长义释曹孟德。有人说，这是诸葛亮下的套，专门让关羽放走曹操的。其一是因为曹操不能死，北方不能乱，曹操活着，便牵制了东吴，有利于刘备集团的发展。其二是让关羽报恩，了却他的心结。这些都姑妄信之吧，但当时关羽肯定不会这样想，可他还是以个人的小义战胜了大义（他们一直把曹操当国贼的），放走了曹操。这是关羽的第一次意气用事。

诸葛亮入川，留下荆州给谁把守呢？看来赵云最合适，有能力，又听话，坚持原则。但他把重担交给了并不太放心的关羽。关羽是刘备的结义兄弟，是第一大将，脾气又大，不给他，恐怕不利于团结。临行时千万交代，东和孙权，北拒曹操。关羽都当成了耳旁风。孙权要和关羽成为儿女亲家，虽然不乏政治目的，但关羽一句“虎女岂能嫁犬子”也太没有政治素养和名将风度，生生把吴主孙权的脸面给折了。这才有后来他水淹七军，正值人生事业极点时，被孙权背后捅一刀。吕蒙白衣渡江，袭取荆州。最后关羽只落得败走麦城，身死殉国。

而失去荆州，使诸葛亮“隆中对”中的大策略——若跨有荆、益，保其岩阻，西和诸戎，南抚夷越，外结好孙权，内修政理；天下有变，则命一上将将荆州之军以向宛、洛，将军身率益州之众出于秦川，百姓孰敢不箪食壶浆，以迎将军者乎？诚如是，则霸业可成，汉室可兴矣——瞬间化为泡影。可以说，从荆州失去的那一刻起，诸葛亮北伐中原的命运就已经注定了。这一切，都是因为关羽，因为他的傲慢造成的。

可是，关羽的傲却是他成为神的一个原因。

想当年，关羽的傲是多么令人神往。看看他的长相吧——丹凤眼，就是眯成一条线的那种，戏称"丹缝眼"。人说，关老爷不睁眼，一睁眼就要杀人，说明平常都是缝里看人的。身高九尺（一米九多），二尺长须，面如重枣，声若洪钟。这哪里是人啊，简直就是战神。

汜水关前，华雄连斩几将，无人应战。关羽就一句"如不胜，请斩某头。酒且斟下，某去便来"，转瞬间，温酒斩华雄，一战成名。白马坡，袁绍手下大将颜良打得曹营无人应战，关羽就一句"（袁军）土鸡瓦犬，（颜良）插标卖首耳"，挥刀下去，万马军中斩杀颜良。这是何等的气魄，何等的骄傲啊。

更何况，关羽"傲上而不欺下，欺强而不凌弱"，这也显示了他的傲气。

除了傲气，还有义气。

刘备打败了，关羽保护着刘备家眷只好暂居曹营。曹操使坏，让关羽和两位嫂嫂居于一室。关羽夜读《春秋》，秉烛达旦，为两位嫂嫂守夜。曹操赠送美女，关羽转赠嫂嫂做侍女。曹操赠他锦袍，他非要把刘备赠送的穿在外面，显示不忘结义之情。给他高官钱财，他挂印封金，千里走单骑，寻找刘备。这些品格和义气实在令人高山仰止，着实感动。

即使对曹操，他也尽量做到义气二字。为报恩（尽管曹操对他的恩是有所图的），他帮助曹操斩颜良诛文丑，解白马之危。后来又在华容道义释曹操。

所以，虽然，关羽是蜀国的罪人，在政治上犯了大错误。可是，他的傲气和义气，都为他变成"神"加了分。因为，我们广大读者就是老百姓，普普通通的具有基本善恶观的老百姓。

就像刘备，为报关羽被杀之仇，意气用事，兵伐东吴，最后兵败身死。这当然不是一个成熟的君主，一个政治家应该做的，但是在老百姓的心目中，却为他加了分。因为他是个重义气，有血有肉的皇帝啊。所以人们说起人的兄弟结义，都说，宁要桃园三结义，不要瓦岗一炉香。可见，义气二字，自在人心啊。

再说说张飞吧。

张飞的一生仿佛永远与酒结缘。

书一开场，张翼德怒鞭督邮，就是在酒后。注意，这里喝的是闷酒。酒后打这个狗官，凸显了张飞不畏权贵，疾恶如仇，又有些鲁莽的性格。据说，历史上"怒鞭督邮"的实际上是刘备，但作者把它嫁接到张飞身上，更是使人物性格充满了张力，真是绝妙。

刘备去讨袁术，张飞留守徐州，刘备再三叮嘱张飞不饮酒或少饮酒。张飞满口答应。刘备一走，他就以饮最后一次为名，饮后戒酒，结果不但自己大饮特饮，“连饮了几十杯”，而且还强迫别人一起饮，之后又打了吕布的丈人曹豹。在他醉卧府中之时，吕布杀进城来，他的酒还没有醒，徐州就丢了。他惭愧之余，欲拔剑自杀。这是他因酒而丢城的一次误事。这一次是酗酒。

张飞也不是一味酗酒误事的。有时酒中还藏有机谋。他与张郃在阆中瓦口隘决战时，张郃凭着有利地形，坚守不战，在山后大吹大擂，饮酒吃肉，张飞在山下，也每日饮酒，大醉之后，就坐在山前辱骂。刘备闻得此事，大惊，而孔明深知其中的奥妙，立即派人送去三车好酒，让张飞痛饮一场。张郃气不过，终于下山来，想讨个便宜，结果被张飞用奇兵杀败，张飞夺得了战略要地——瓦口隘，创造了以酒取胜的战例。这是喝的智酒。

自然，张飞最后还是死在酒中。他在关羽死后，急于报仇，喝的悲酒。饮得不省人事时，被人刺杀了，这正应了一句“好酒为酒害”的老话。当然，这是他对人粗暴，不体恤下情所造成的悲剧。这结局似乎让人耻笑，但就张飞一生而言，这丝毫无损于他作为骁勇善战、胆量无比的英雄形象，堪称一代酒神。

看不尽的《三国》，边读边思边悟。

夜晚，捧一本厚厚的《三国演义》，灯下阅读，仿佛听到了金戈铁马之声，仿佛看到了鲜活的面容，仿佛在慨叹英雄们跌宕起伏各不相同的人生。

有时候，掩卷思考，不知思想飘在何处。

《三国演义》，我难解的情结。

人生感悟

百日之殇　遥祭慈父

现在，让我把这些无数次在心里翻滚的文字记下来。在今天——父亲去世一百天的日子，以此来祭奠慈父的亡灵。

三个多月来，父亲离去前几天的一幕幕曾无数次在我的心头浮现，痛苦和悔恨也一遍遍咬噬我的心。

7月4日，结束了一学期的工作，我从丹阳回到洛阳。一下车，顺路买了只榆树园的烧鸡，我便风尘仆仆地往家里赶。父亲是退休的老工人，73岁了，辛劳了一辈子，近几年身体大不如前，瘦削的肩头仿佛再也扛不起生活的艰辛。母亲六十多岁，有些唠叨，血压有点高，劳累时常感到胳膊疼痛。近几年，我来到江苏工作，离家远了，自然更成了他们心头沉甸甸的挂牵。

路上，竟突然接到母亲的电话："伟，家里突然停电……空调开不了……"我明白，母亲知道我怕热，想让我先找别处凉快一下。我果断地说："知道了，我马上到家了。"老人的心啊，明明急着见到儿子，却又怕儿子遭一点罪……

一进门，母亲首先迎过来，她的目光含着笑意，再也不愿从儿子身上移开。父亲，我的父亲也急急地从房间出来了。他笑着，掉了一颗大门牙的嘴开朗地招呼远方回来的孩子。父亲的下巴下又有了几根稀疏的短短的白胡须——以前在家，我总是会用剪刀小心翼翼地为他修理胡子——它在告诉我，又是半年没回家了。

又是嘘寒问暖，又是互诉离情，弟弟拿出父亲用了十几年的酒杯，盛上家乡的劣酒，父亲喝得很开心。记得他吃了不少肉，喝了几大杯酒，才满意地到房间午睡。

之后的三四天，一直待在家里，有时也出去办些别的事情。有一天回来，突然听母亲讲，父亲今天有一阵不舒服，吃了两颗救心丸，十几分钟时间没事了。我和父亲讲了几句话，问了情况，看他挺正常的，也没有在意。以前也有过类似的情况，父亲隔一段时间会犯一次心脏病，但及时服下救心丸一会儿就好了。我和高林生老师一起出去讲学他也有过一次，也是过一会儿就会好，所以我当时并没有想到什么后果。

7日下午大约两点多钟，我午睡起来，发现父亲坐在椅子上，母亲和弟媳围在旁边，原来父亲又突然不舒服，服了救心丸刚刚好。这次虽然痛的时间短，但是我第一次亲眼见到父亲犯病的样子。他很无力，捂着胸口，气息已经均匀，声音还是微弱："真是老了，三天犯了两次……"粗心的我啊，竟没有马上送我的父亲到医院住院观察！我只是、只是在他完全平息后就有事离开了家！临别时，父亲问我："晚上回来吗？"我答不一定。没想到这竟是父亲和我说的最后一句话！

7月8日上午，我在市区讲课，把手机放在了别人包里。那天我讲的是作文——《发明灭蝇器材》。我哪里知道，当我在课堂上侃侃而谈的时候，我的父亲将要离开人世！下课了，别人告诉我家里有事，我打的急匆匆地往家里赶。路上的情景我终生难忘：不知道家里发生什么事，我心乱如麻。街上的景物，匆忙的人们，熟悉的路径，都使我恍恍惚惚，仿佛一切都在晃动，都是那么不真实。耳边是嗡嗡的声音，不知道是什么在轰鸣。我只是不断地催司机：师父，快点，再快点。

见到父亲的情景我这辈子都不会忘记：父亲，我的父亲，他僵直地躺在床上，再也不会和我说一句话。眼睛好像还没有完全闭上，嘴也半张半合，那几根还没有剪掉的胡须仿佛在痛斥我的不孝，我的粗心，我的无义……我一下子跪倒在父亲面前，久久不起。

母亲一次次对人哭诉着父亲去世前的情景：父亲走的那个早上，没吃早饭。一早，他就觉得心里乱，母亲把泼好的鸡蛋茶端到他面前，他突然说吃不下，然后回房间躺在床上，就再也没有醒来。后来，母亲不止一次痛悔地唠叨这件事，街坊劝她："他不吃是好积德，给子孙留着呢。"我也安慰她说，那天我刚回来，爸爸吃得很开心……然而，每当想起父亲当时开心的样子，我都会泪流满面。没想到，这竟成了父亲最后留给我的幸福而又伤痛的回忆。

在亲友的操持下，匆匆忙忙地为父亲办了丧事。但火化的骨灰还没有下葬，暂时留在家里。我默默地在家里陪了妈妈一个暑假，很少出门。我知道，其实最难过最孤独的还是她，谁也无法抚慰她心里的伤痛。我也深深地感到，一个突然失去父亲的男人心中的歉疚和自责。无数个深夜，我都从梦中哭醒。但我知道，我的慈爱的父亲，辛劳一生的父亲，他再也不会醒来了。

临走的那个晚上，我铺一张草席，就在父亲的遗像前面守了一夜。很多话，我都对他老人家讲了。可是，他听得见吗？

开学后，便又是繁忙的工作。朋友们知道我心情不好，经常来陪我，我也表面上强装笑颜。可是，内心的疚结始终无法打开。平时还喜欢喝点酒的我那段时期一点也不能喝，酒醉我就会找一个没人的地方久久地无声的哭泣。

我的父亲，你知道吗？

今天，是父亲百日祭日。我远在江苏，无法回去拜祭他老人家。但我的心每时每刻都为他祝福。

父亲，天堂里，您一路走好。

2008 年 10 月 6 日

妈妈　不哭

——献给一位失去十八岁孩子的母亲

妈妈
是你吗
那一定是你
我听到了
那轻轻的脚步声
我从襁褓时就已经熟悉
一直到今天长大成人
多少次
我在梦乡中醒来
仿佛有你轻轻的脚步来到我床前
要给我盖上裸露的手臂
当我感到饥渴我就闭上眼睛
仿佛又听到你轻轻的脚步来到我跟前
准备端给我一碗甜甜的小米饭
妈妈
今天
当我被病魔击倒在十八岁的门槛
我多么想你亲手为我合上双眼
用你温柔的手再摸我的脸颊一遍
让我在冥冥中再次接触你手上的温暖
妈妈啊　不哭

妈妈　我走了
我多想对你说

对你的怀抱
我多么留恋
妈妈
我多想向你证明
我，作为一个男子汉的
坚强和勇敢
可是今天
我不能了
我只能独自走向无边的黑暗
妈妈
路上好黑啊
没有妈妈的陪伴
我心中的寂寞永远无法排遣
妈妈
这一次
我要走好远好远

妈妈
我知道你好苦　好难
可是
上天只让我们做十八年的母子啊
我只能说
妈妈　不哭

妈妈　我没有走
房间里还有我的床铺
我读过的书籍
还有我的气息
想我的时候
看看我的照片吧

尽管没有一张全家福
但我们的爱
早已融进血液
永记心间
是吗
妈妈　不哭

妈妈
你要坚强啊
我走了
还有爸爸　外公　外婆
我们血脉相连的一家人
健康和睦
我在另一个世界
才会心安
祝福我吧
第一次独自上路
我会经历风雨
慢慢长大
我也祝福你们
我的每一个亲人
幸福
永远

亲爱的妈妈
不哭
不哭

后 记

感谢经历

四十中年，淡定淡然。

这是我在2012年伊始，自己的不惑之年来到时给自己的QQ签名，也是自己内心的觉醒。

走进不惑，经历了很多事，以前的很多过往都看得淡了，心也慢慢地静了下来。

于是，开始回顾自己的教书生涯，自己的教师之路。

可以用四个字形容——坎坎坷坷。

我23年的教书生涯是坎坎坷坷。

“从河南到江南，从洛阳到丹阳，他一路风尘……”这是我获得丹阳市十大杰出青年时的颁奖词。然而，谁又能知道这其中的语文情结呢？

我是从农村学校开始教师生涯的。1989年，我师范毕业，分配到洛阳市郊区（今洛龙区）李楼小学。一待就是十年。这十年，我从懵懂走向醒悟，开始慢慢思考自己要走什么样的道路。农村学校的生活简单而又清苦，最初的几年，我只是单纯的一心做好学校的工